mas, afinal, o que é essa tal de

ORGANIZAÇÃO?

Dados Internacionais de Catalogação na Publicação (CIP)
(Jeane dos Reis Passos - CRB 8ª/6189)

Latorre, Sidney Zaganin
Mas, afinal, o que é essa tal de organização? / Sidney Zaganin Latorre. — São Paulo: Editora Senac São Paulo, 2015.

Bibliografia.
ISBN 978-85-396-0254-4

1. Teoria das Organizações 2. Teoria geral da Administração 3. I. Título.

12-026s CDD-658.001
BISAC BUS000000

Índice para catálogo sistemático:

1. Teoria geral da Administração 658.001

SIDNEY
ZAGANIN
LATORRE

mas, afinal, o que é essa tal de ORGANIZAÇÃO?

Editora Senac São Paulo – São Paulo – 2015

Gerente/Publisher: Jeane dos Reis Passos (jpassos@sp.senac.br)

Coordenação Editorial: Márcia Cavalheiro Rodrigues de Almeida (mcavalhe@sp.senac.br)
Comercial: Marcelo Nogueira da Silva (marcelo.msilva@sp.senac.br)
Administrativo: Luís Américo Tousi Botelho (luis.tbotelho@sp.senac.br)

Edição de Texto: Rafael Barcellos Machado
Preparação de Texto: Thereza Pozzoli
Revisão de Texto: Gabriela Lopes Adami (coord.), Patricia B. Almeida, Karinna A. C. Taddeo
Projeto Gráfico e Editoração Eletrônica: Manuela Ribeiro
Ilustrações: Libero Malavaglia
Capa: Manuela Ribeiro
Impressão e Acabamento: Intergraf Indústria Gráfica Eireli

Editora Senac São Paulo
Rua Rui Barbosa, 377 – 1º andar – Bela Vista – CEP 01326-010
Caixa Postal 1120 – CEP 01032-970 – São Paulo – SP
Tel. (11) 2187-4450 – Fax (11) 2187-4486
E-mail: editora@sp.senac.br
Home page: http://www.editorasenacsp.com.br

SUMÁRIO

NOTA DO EDITOR

Mas afinal, o que é essa tal de organização? Em uma sociedade cada vez mais complexa, com diferentes pontos de vista sobre os eventos mais cotidianos, não poderíamos esperar que uma pergunta dessa magnitude fosse respondida de maneira simples e categórica.

Pelo contrário, ao pensarmos nos inúmeros tipos de organizações que nos cercam, é fácil perceber que lidar com esse questionamento é uma tarefa que demanda grande esforço e ponderação antes de vislumbrarmos uma eventual resposta. E, ao chegarmos a esse ponto, muito provavelmente teremos a visão aberta para novas e diferentes possibilidades, o que torna nossa busca constante e, talvez, infinita.

Sendo assim, neste livro Sidney Latorre não tenta nos dar uma resposta definitiva. Antes, porém, nos convida a olhar para as organizações por meio de uma nova lente: a metáfora da organização como uma pessoa, um ser que possui personalidade, alma e corpo; um ser que nasce, cresce, aprende, adoece e pode até mesmo morrer. Ao valer-se dessa interessante abordagem, o autor chega à conclusão de que, assim como não há dois indivíduos iguais, também não há duas organizações idênticas.

Este lançamento do Senac São Paulo contribui para que executivos, estudantes, professores da área de administração e negócios e pessoas interessadas por este asunto adquiram uma visão mais ampla e perspicaz a respeito das próprias organizações com as quais se relacionam.

Dedico este livro à minha querida esposa, Erika,
e aos meus filhos, Pedro, João e Miguel.

Agradeço a todos os que contribuíram com o projeto,
em especial a Maria Luisa Mendes Teixeira, Jeane dos Reis Passos,
Tatiana Pincerno Ribeiro e Paulo Sergio Rezende.

APRESENTAÇÃO

Muitos de nós passamos a vida inteira com algumas questões existenciais, como: quem sou? De onde vim? Para onde vou? São perguntas que fazemos pelo menos uma vez na vida e para as quais certamente não existe uma resposta simples ou uma explicação definitiva. Então cada um busca suas próprias respostas, seja na ciência, na filosofia ou na religião, e convive com suas dúvidas ao seu modo.

Para os que se interessam por estudos sobre as organizações, ou que estão, direta ou indiretamente, envolvidos com elas ou com a administração de empresas, essas questões — se transportadas para essa discussão — tornam-se ainda mais difíceis de responder: afinal, o que é a organização? De onde surgiu? Para onde vai? Vários estudos e muitas teorias, há mais de um século, buscam responder ou elucidar esses questionamentos, e assim desvendar a vida e o emaranhado das relações humanas que existem dentro e fora das organizações.

Digo que as perguntas se tornam mais complexas, pois tanto o "corpo" das organizações, que corresponde aos elementos mais físicos e visíveis, quanto sua "alma", que corresponde aos aspectos mais invisíveis e intangíveis, são fruto de processos coletivos e de abstrações. Assim como as pessoas, cada organização é única, e tanto seu corpo quanto seus valores essenciais se transformam ao longo da vida. No caso das organizações, a transformação é muito menos perceptível por se tratar não de um indivíduo com corpo físico, mas sim de um ser coletivo e abstrato, dotado de um "corpo" complexo, de difícil compreensão e visualização, e que engloba muitas dimensões. Afinal de contas, por mais que se estude e se fale sobre a vida organizacional, ninguém até hoje conversou com a "Dona Organização", não é mesmo? Só por essa pergunta já se entende que a imagem de uma organização é muito mais complexa e abstrata do que a de uma pessoa, um ser individual, único e visível.

Convivemos diariamente com uma quantidade enorme de organizações: civis, militares, religiosas, educacionais, médicas, assistenciais, sem fins lucrativos, empresariais, sindicais, governamentais, etc.; e é certo que a atividade humana contemporânea está estruturada em torno delas. Não há como conceber a sociedade atual, fundamentada na produção e oferta de bens e serviços, sem a presença das organizações em todos os setores. Assim, podemos assegurar que entender o que é uma organização não diz respeito apenas aos estudiosos, pesquisadores, consultores ou executivos, mas sim a todos nós. Para que um simples prato de comida chegue à nossa mesa, várias organizações, com pessoas das mais variadas origens e com diferentes histórias de vida, podem ter participado das diversas etapas da produção: plantação, colheita, processamento, controle de qualidade, fiscalização, embalagem, estoque, transporte e entrega, entre outras.

Para que você pudesse ler estas páginas, uma gama de organizações foi direta ou indiretamente envolvida, desde a produção do papel e da tinta até as etapas de formatação, ilustração, revisão, produção, transporte, distribuição...

A teoria das organizações (TO), a teoria geral da administração (TGA), a sociologia e a psicologia das organizações buscam também decifrar esse vasto mundo sob uma perspectiva histórica, analisando os vários elementos e focos de estudo por abordagem ao longo do tempo.

As metáforas e as comparações são recursos constantemente utilizados para facilitar o entendimento das organizações. Comparações e associações figuradas simplificam a visão, apresentando rapidamente a relação entre algo que já é mais conhecido com as características de um outro objeto que desejamos entender. A grande maioria dos estudos que utilizam esses recursos o faz como meio didático, categorizando e criando tipologias das organizações e também de temas associados, como a cultura da organização e os valores organizacionais.

As organizações são "seres" multifacetados e, em geral, as análises priorizam apenas um de seus aspectos: a estratégia, as tarefas, a estrutura, as pessoas, as relações humanas, o ambiente, a tecnologia, etc., pois entender a diversidade da vida organizacional de uma única vez e em sua totalidade, considerando todas as partes, seria humanamente impossível.

Navegar por diversas abordagens e teorias certamente traz luz aos questionamentos sobre as definições, as origens, a constituição e a relação das organizações com o ambiente externo, como outras organizações, a economia, o mercado ou o ciclo de vida organizacional.

Buscamos amenizar a complexidade das teorias e abordagens teóricas utilizando esquemas gráficos, desenhos e sínteses, para facilitar ao leitor o entendimento dos pontos centrais sobre a organização e alguns de seus principais aspectos. O objetivo deste livro não é esgotar o assunto, mas sim pincelar algumas dessas visões — em casos específicos, a partir de trechos originais de importantes teóricos — a fim de contribuir para as reflexões dos que estudam e se interessam pelas organizações.

Tivemos também a intenção de tratar — com a preocupação de não incorrer em detalhamento exagerado, tampouco em simplificações limitantes — de vários elementos da vida organizacional, para que o leitor tenha posteriormente a possibilidade de aprofundar os seus estudos, podendo inclusive fazê-lo a partir da bibliografia indicada ao final de cada capítulo.

Iniciamos, no capítulo 1, com um breve resgate das abordagens de estudos organizacionais, trazendo algumas tipologias e focando nas teorias que esclarecem e tratam o tema "organização". São as grandes linhas de pensamento que enxergam a organização de uma maneira própria, em função do contexto social vivido naquele momento e do entendimento dos estudiosos e teóricos de cada época.

No capítulo 2, exploramos algumas metáforas utilizadas nos estudos da organização: máquina, cérebro, organismo e cultura. A **organização como pessoa** é a metáfora que escolhemos para apresentar as reflexões seguintes, por permitir uma análise ampla, que aborda tanto os aspectos mecânicos, cognitivos, biológicos e relacionais presentes nas demais metáforas citadas quanto os aspectos mais concretos — o corpo físico — e também os mais sutis da organização — sua alma. As comparações são feitas com o intuito de transpor essa conhecida imagem do ser humano para o "ser" organização.

No capítulo 3, tratamos de duas personalidades de organização bem diferentes entre si: a burocracia e a adhocracia, justamente para desenvolver a reflexão de que elas são diferentes tanto em termos físicos quanto nas questões mais sutis, de personalidade e "alma".

Os elementos mais visíveis (corpo) são abordados no capítulo 4, em que apresentamos a criação do corpo organizacional, a partir de uma ideia e de uma estratégia, e exploramos as "partes" — pessoas, estrutura, tarefas e tecnologia — que compõem a organização. Apresentamos ainda alguns tipos de corpos ou configurações organizacionais.

No capítulo 5, tratamos dos aspectos mais intangíveis e que definem a individualidade da organização. A cultura e os valores organizacionais são então explorados como elementos da alma, por tratarem justamente de aspectos menos palpáveis, mas que traduzem de maneira única quem é uma determinada organização — quem é aquela "pessoa".

A relação com o ambiente e o ciclo de vida, tratada no capítulo 6, traz uma reflexão sobre a "pessoa" organização como um ser que nasce, cresce e morre. Durante sua vida, os estágios alteram seu corpo e têm relação tanto com os elementos físicos quanto com os mais sutis.

A saúde e as doenças das organizações são exploradas no capítulo 7, com uma reflexão sobre os vícios e as patologias físicas, sociais ou mentais que podem afetar a vida organizacional.

No capítulo 8, abordamos a aprendizagem e a mudança organizacional.

Por fim, no capítulo 9, traçamos uma relação lúdica e simplificada desses vários elementos, utilizando imagens e destacando alguns pontos centrais de como entendemos a organização e sua vida: a organização em quadrinhos.

Esperamos sinceramente que o texto e as reflexões aqui expostos contribuam, de alguma maneira, para o avanço de sua vida pessoal, acadêmica e profissional.

Boa leitura!

ORGANIZAÇÕES: DEFINIÇÃO, TIPOLOGIAS E ABORDAGENS

VEMOS A REALIDADE COM NOSSOS MODELOS MENTAIS, REPRESENTAÇÕES, IMAGENS, PAISAGENS INTERIORES E VISÕES DE MUNDO. AS PESSOAS "COMPREENDEM" JUNTAS UM DETERMINADO TIPO DE REALIDADE, SOCIALIZAM ESSAS REPRESENTAÇÕES, QUE ÀS VEZES SE TORNAM INSTITUCIONALIZADAS, E A REALIDADE SE TRANSFORMA, EM PARTE, NESSAS CONSTRUÇÕES "OFICIAIS", CONVENCIONAIS OU CONSENTIDAS. O MUNDO LÁ FORA É QUASE SEMPRE UM REFLEXO DE NOSSA IMAGINAÇÃO CRIADORA. MAS TUDO ISSO SE MANIFESTA NA LINGUAGEM; SOBRETUDO, NAS NOSSAS SUPOSIÇÕES ESSENCIAIS, MAIS CONSTANTES, SEJAM OU NÃO SEJAM EXPLÍCITAS.

ANTONIO CARLOS VALENÇA, *APRENDIZAGEM ORGANIZACIONAL: 123 APLICAÇÕES PRÁTICAS DE ARQUÉTIPOS SISTÊMICOS*

CONCEITOS GERAIS

Os estudos sobre a organização e a administração de empresas começaram a ganhar forma e estrutura principalmente a partir do início do século XX, mas a importância do tema e sua aplicação nas atividades humanas já eram reconhecidas e identificadas em citações que datam de milhares de anos.

As organizações já estavam presentes em civilizações da Antiguidade como a chinesa, a grega e a indiana, mas foi com o início da industrialização que um grande número delas passou a desempenhar papel decisivo em tarefas diversas e importantes na sociedade. Assim, principalmente a partir do século XIX — com a expansão da economia na Europa e nos Estados Unidos decorrente da revolução industrial, somada à transição da sociedade rural para a industrial — as organizações ganharam a forma como hoje as conhecemos (Scott, 2003; De Masi, 2000). Com isso, surgiram muitos estudos, definições e abordagens sobre o tema.

Na sequência, apresentamos brevemente alguns temas genéricos que são premissas para os aprofundamentos dos demais capítulos: as definições de organizações e instituições, e a descrição das tipologias e principais abordagens adotadas. Cada um desses conceitos é fruto da visão de mundo de seus teóricos, de seus modelos mentais e da maneira como compreendiam a realidade, além do contexto social, cultural e político da época em que foram formulados. Sendo assim, julgamos que cada teoria, cada abordagem e cada tipologia contribuem para o entendimento de uma parte desse ser complexo e multifacetado chamado organização.

DEFINIÇÃO DE ORGANIZAÇÃO

Entre as muitas definições conceituais da organização, formuladas pelos teóricos, a grande maioria menciona pelo menos dois elementos centrais: as pessoas e o objetivo comum. Amitai Etzioni (1967, p. 9), por exemplo, define as organizações como unidades planejadas, "intencionalmente construídas e reconstruídas, a fim de atingir objetivos específicos". Barnard (1968, p. 73, tradução nossa) define uma organização como "um sistema de atividades ou forças coordenadas conscientemente por duas ou mais pessoas". Nesse sentido, uma das diferenciações básicas dá-se entre organização social e organização formal. Peter M. Blau e William Richard Scott afirmam que

> mesmo quando homens vivem juntos e não planejam e constituem deliberadamente uma organização formal, uma organização social se desenvolve entre eles, isto é, seu modo de agir e de pensar e, em particular, de agir entre si, vem assumir regularidades distintas. (Blau & Scott, 1970, p. 13)

Com base nessa conceituação, podemos dizer que a principal diferença entre esses dois tipos de organizações é que as formais são estabelecidas deliberadamente para um fim, ao passo que as sociais constituem um conjunto mais amplo de relacionamentos e processos, do qual as organizações formais fazem parte, e ambas afetam-se mutuamente (Hall, 1977). Assim, excluem-se das organizações formais "as tribos, as classes, os grupos étnicos, os grupos de amigos, famílias", bem como "bairros, grupos de trabalho e recreação" (Etzioni, 1967, p. 10), pois, apesar de serem unidades sociais em que há uma estrutura na qual as pessoas vivem ou convivem juntas, as mudanças não são tão frequentes quanto em uma organização, que "controla sua natureza e seu destino" em torno de objetivos específicos (Blau & Scott, 1970, pp. 13-17).

A partir dessa distinção podemos afirmar que empresas, escolas, universidades, hospitais, prisões e igrejas são exemplos de organizações formais — e é essa categoria de organização a que nos referimos aqui, a das organizações que foram constituídas por pessoas com um determinado propósito, para atingir um objetivo. É esse "ser" que buscamos decifrar, mesmo que parcialmente, nas próximas páginas.

INSTITUIÇÃO

Tanto na teoria quanto na prática da vida corporativa, muitas vezes o termo organização é tomado como sinônimo de instituição. Entretanto, há uma diferença entre eles, pois as instituições

> são compostas de elementos reguladores, normativos e culturais-cognitivos que, juntos e associados com atividades e recursos, provêm estabilidade e significado à vida social. Os aspectos reguladores têm relação com leis, regras e sanções; os normativos, com as obrigações sociais e morais; e os culturais-cognitivos, com os entendimentos compartilhados e crenças. (Scott, 2008, p. 48)

Nesse sentido, as instituições são entendidas como as regras do jogo, enquanto as organizações (cada uma variando em seu grau de institucionalização) são percebidas como os jogadores.

Berger (1976, p. 96) definiu instituição como "um complexo de ações sociais", que proporciona "métodos pelos quais a conduta humana é padronizada, obrigada a seguir por caminhos considerados desejáveis pela sociedade" e, portanto, "canaliza as ações humanas". Assim, a estrutura institucional provê uma tipologia para as ações sociais. Na relação com as instituições, as

> organizações podem auxiliar na construção das regras, na tentativa de criação de regras favoráveis também para elas mesmas, e frequentemente tentam mudar as regras por meios políticos ou outros. (Scott, 2008, p. 150, tradução nossa)

Os sociólogos entendem que a organização moderna interage com os ambientes institucionalizados e, em última instância, é uma forma institucionalizada. Assim, as organizações modernas são entendidas como fruto de seus ambientes institucionais, sendo constituídas, em sua maioria, como jogadores ativos interagindo com esse ambiente.

Na sociedade contemporânea, as organizações podem ser consideradas braços ativos das instituições que, em conjunto com outros mecanismos sociais, controlam, normatizam e dão sentido ao funcionamento da própria sociedade. São exemplos de instituições as organizações políticas, governamentais, religiosas, educacionais, científicas, culturais e os mecanismos como o casamento, as leis, as classes e a própria linguagem.

Pelo entendimento de instituição como um conceito que extrapola as fronteiras da organização, apesar do inegável relacionamento intrínseco, evitamos então o uso do termo "instituição" como sinônimo direto de "organização".

CLASSIFICAÇÕES E TIPOLOGIAS

Ao falar em tipologias, pressupomos agrupamentos, tipos, categorias e esquemas de classificação. Os agrupamentos e categorias por tamanho (como grandes, médias e pequenas) ou por área (indústria, comércio ou serviços), entre outros, são classificações e não tipologias.

As classificações muitas vezes partem de amplas generalizações, que são "derivadas do conhecimento e senso comum" sem avaliações empíricas (Pugh, Hickson & Hinings, 1969), enquanto as tipologias e taxonomias estão embasadas em uma construção teórica, com uma explicação para a classificação que pode ser averiguada por meio de pesquisa. A "principal diferença entre esquemas classificatórios e tipologias e taxonomias é, portanto, esta: as duas últimas utilizam uma teoria subjacente, enquanto os primeiros trabalham apenas com um conjunto de classes" (Silva & Rocha, 2010, p. 746). As taxonomias são uma derivação da tipologia, com metodologia estatística própria; são embasadas em dimensões mensuráveis, que foram estabelecidas empiricamente. Muitas vezes "taxonomia" é utilizada como sinônimo de "tipologia" ou "vice-versa" (Pugh, Hickson & Hinings, 1969, p. 115).

Por mais que existam aspectos únicos em cada organização, também há padrões que se repetem e que, portanto, permitem generalizações. E, apesar de não existirem tipos puros, a classificação pode ser feita a partir da identificação de atributos que compõem um determinado tipo (Katz & Kahn, 1967). E esses tipos certamente podem nos auxiliar no entendimento e na visualização dos principais aspectos e características das organizações.

Neste livro, comentamos alguns tipos de classificação, mas consideramos principalmente a análise da organização a partir de tipologias e metáforas (vistas no capítulo 2), pois entendemos que são recursos que facilitam a compreensão dos principais aspectos que queremos evidenciar. As comparações produzem sentidos figurados e, por associações, facilitam o entendimento.

ABORDAGENS

Alguns teóricos organizacionais buscaram sintetizar a evolução dos estudos sobre as organizações a partir das principais teorias desenvolvidas, agrupando-as por abordagem e ênfases.

Apesar de haver algumas discrepâncias e diferenças nas análises de autores brasileiros e estrangeiros, existe quase que um consenso em relação a pelo menos seis abordagens principais: clássica, estruturalista, humanística, comportamental, sistêmica e contingencial (Chiavenato, 1983; Lacombe & Heilborn, 2007; Caravantes, Panno & Kloeckner, 2005).

Nas seções seguintes, trataremos brevemente de cada uma delas, apresentando alguns pontos que julgamos mais relevantes na definição e no entendimento da organização, assim como os aspectos mais priorizados e algumas tipologias apresentadas em teorias dessas abordagens.

✓ ABORDAGEM CLÁSSICA

A abordagem clássica, que tem como principais representantes o americano Frederick Winslow Taylor (1856-1915) e o francês Henri Fayol (1841-1925), entende a organização como uma estrutura formal na qual os cargos e as tarefas são padronizados. A busca pela racionalização das atividades e dos movimentos como meio para alcançar a eficiência é o foco.

A **administração científica de Taylor**, também chamada de administração de tarefas (Taylor, 1998), pressupõe o estudo e a padronização das atividades, a seleção das melhores pessoas para executá-las, o treinamento nos métodos tidos como eficientes e a remuneração para aqueles que desempenham tais tarefas. Já os estudos de **Fayol** têm como ênfase a estrutura e os elementos básicos da administração, como a previsão (planejamento), a organização, o comando, a coordenação e o controle (Fayol, 1960).

Assim, podemos afirmar que, enquanto para um o ponto de partida é o empregado ligado à operação, para o outro é o gerente, o gestor: o foco de Taylor está na operação, e o de Fayol, na gestão. Em ambos os casos, a organização é vista como um **sistema fechado** e tem por premissa a forte identidade entre os interesses e objetivos pessoais e organizacionais.

No caso da administração científica, parte-se do pressuposto de que tanto a organização quanto os empregados têm o mesmo interesse, que é a prosperidade. Assim, não existem antagonismos nem conflitos entre indivíduos e organização, mas sim um compartilhamento de objetivos, pois um depende do outro para ser próspero (Taylor, 1998). Apesar de constituir a abordagem estruturada mais antiga, a contribuição do sistema de regras e normas administrativas continua sendo amplamente utilizada no mundo organizacional.

Henry Ford (1863-1947), o ícone da indústria automobilística que impulsionou a massificação da produção com linhas de montagens estruturadas, também é um nome importante dessa abordagem. A visão clássica da administração tem como busca central a eficiência e a racionalização, e seu foco está nos elementos mais físicos e concretos da organização: tarefas, processos, estrutura. Essa abordagem entende a organização como uma máquina e as pessoas como peças para que as tarefas e os processos sejam realizados.

✓ ABORDAGEM ESTRUTURALISTA

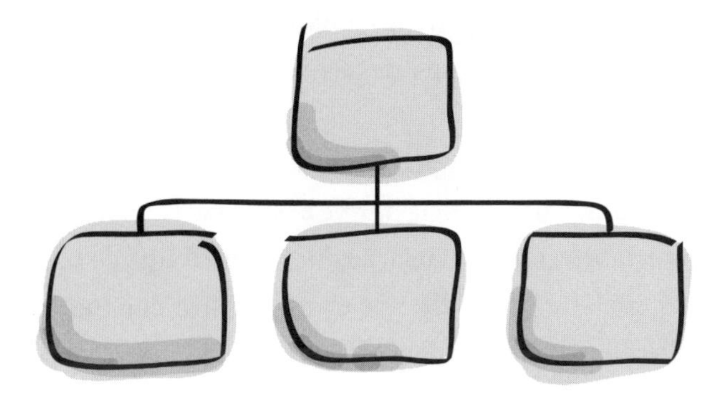

A abordagem estruturalista, como o próprio nome diz, tem por foco principal a estrutura da organização e seus processos. Parte importante dessa visão, a **teoria da burocracia**, do sociólogo alemão Max Weber (1864-1920), tem uma definição clara da empresa, na qual cargos, hierarquias e procedimentos são planejados, escritos, normatizados e divulgados como padrões de comportamento da organização. Weber entende a burocracia como uma forma superior de saber — tanto o da técnica como o dos fatos concretos na sua esfera de interesses —, embasada na autoridade racional-legal, que tem como premissa a obediência a quem ocupa o cargo de chefia e tem a responsabilidade por atingir os objetivos estabelecidos (Weber, 1966). O foco na forma e na hierarquia é um ponto central dessa abordagem, assim como a padronização das relações entre cargos e tarefas, procedimentos operacionais e sistemas de seleção e recompensa. Tendo a organização inteira em pauta, com padrões e normas que norteiam o seu funcionamento, a consequência é a lentidão e a falta de flexibilidade — características que em geral nos vêm à mente quando falamos em burocracia.

Vários autores mencionam as contradições, as disfunções e os limites da organização burocrática, entre eles: Robert King Merton, Philip Selznick, Alvin Gouldner, Michel Crozier e Peter Blau. Comentaremos alguns desses apontamentos sobre as disfunções no capítulo 3.

Um dos nomes mais importantes da abordagem estruturalista, **Amitai Etzioni**, parte da ideia de que a obediência dos funcionários às ordens estabelecidas tem relação direta com o tipo de poder exercido pelos chefes e com o tipo de envolvimento dos funcionários. O primeiro elemento, o poder, pode ser exercido pela força (poder coercivo); pela recompensa por remuneração, comissões ou outros tipos de contribuição financeira (poder remunerativo); ou pelas recompensas simbólicas, prestígio e rituais dos líderes em relação aos funcionários. O segundo elemento, o envolvimento dos funcionários, pode ter um foco positivo, que gera "comprometimento"; ou um foco negativo, que gera a "alienação" (Etzioni, 1975, tradução nossa). Partindo dessas premissas, são definidos três tipos de organizações em geral:

a. **organização coerciva**, na qual "o principal meio de controle é a força" e há uma "alta alienação" dos funcionários — os principais exemplos desse tipo de organização são prisões, sanatórios e locais de trabalho forçado;
b. **organização utilitária**, na qual a remuneração e as recompensas financeiras são os principais mecanismos de controle adotados — por exemplo, as indústrias em geral;
c. **organização normativa**, na qual os elementos simbólicos, de prestígio e sociais levam a um alto comprometimento dos participantes — tendo como exemplos organizações religiosas, incluindo igrejas, ordens ou monastérios; organizações políticas, quem têm um forte programa ideológico; hospitais; universidades; associações de voluntários, que dependem

fundamentalmente dos poderes sociais e do comprometimento de seus membros (Etzioni, 1975, pp. 40-41, tradução nossa).

Blau e Scott (1970) apresentam uma classificação de organizações em geral a partir do critério de quem se beneficia prioritariamente com sua operação:

a. **associação de benefício mútuo**, na qual os que mais se beneficiam são os próprios sócios. São exemplos desse tipo de organização: "partidos políticos, sindicatos, associações fraternas, clubes, organizações de veteranos, associações profissionais e seitas religiosas" (Blau & Scott, 1970, p. 60). Uma das premissas da associação de benefício mútuo é a manutenção de controle sobre seu quadro social, sendo que "a maioria dos membros é apática, no sentido de que está disposta a deixar a direção a cargo de uma minoria ativa" (Blau & Scott, 1970, p. 60);
b. **firma comercial**, na qual os proprietários são os principais beneficiários. Exemplos diretos são "indústrias, lojas de atacado e varejo, bancos, companhias de seguros" (Blau & Scott, 1970, p. 64), entre outros. A questão central é ser eficiente, garantir a sobrevivência e crescer;
c. **organização de serviços**, na qual os principais beneficiários são os clientes diretos. Nesta categoria estão as "agências de serviço social, os hospitais, as escolas, as agências de auxílio legal e as clínicas de saúde mental" (Blau & Scott, 1970, p. 60). A qualidade do serviço prestado ou o fornecimento de serviços profissionais é um dos principais focos dessa organização;
d. **organização de bem-estar público**, na qual o público em geral, a sociedade, é quem mais se beneficia com as operações. Exemplos: empresas públicas, polícia, corpo de bombeiro e exército, entre outros.

A análise de alguns tipos de organização propostos por teóricos da abordagem estruturalista evidencia que, apesar das diferenças de cada definição, o foco de análise e de preocupação está na estrutura e nos processos, assim como nos mecanismos de controle para que os resultados sejam alcançados.

✓ ABORDAGEM HUMANÍSTICA

A ênfase nas pessoas surge com mais força a partir da abordagem humanística, com os estudos do australiano Elton Mayo (1880-1949) sobre a fadiga dos trabalhadores durante o processo de produção industrial (Mayo, 2003). São estudados os impactos dos fatores externos como ruído, iluminação e temperatura na eficiência, assim como a liberdade de ação, a cooperação e a valorização individual. O indivíduo é visto como membro do grupo social, e a satisfação e o bem-estar do funcionário passam a ser citados como resultados que também devem ser almejados pela organização. O sentimento de pertencimento ao grupo foi observado nos estudos, o que se contrapõe à visão de formalidade e impessoalidade de outras teorias.

Assim, foi observada a existência de **organizações informais**, que são decorrentes da coesão de determinados grupos dentro de uma organização formal, com regras de conduta e comportamento próprios — relativas ao grupo e não necessariamente à organização com seus objetivos. Os sistemas de recompensa da organização informal podem ser o respeito e a popularidade entre os colegas de trabalho. Na pesquisa de Mayo, foram identificadas normas da organização informal entre funcionários e supervisores para regular a produtividade dos funcionários — levando todos a um patamar médio, sem rapidez excessiva ou demora na produção — que tinham o objetivo de proteger os interesses do grupo (Blau & Scott, 1970; Mayo, 2003).

Podemos afirmar que a abordagem humanística marca um importante contraponto nos estudos sobre as organizações. Nela, o elemento "pessoas", até então entendido como secundário na vida organizacional, passa a ser o foco de análise e abre espaço para o entendimento da complexidade das organizações a partir da complexidade da natureza humana e das relações interpessoais e grupais.

✓ ABORDAGEM COMPORTAMENTAL

Assim como a abordagem das relações humanas, a comportamental também enfatiza as pessoas, mas amplia o foco para o ambiente. Abrange várias teorias de comportamento e desenvolvimento organizacional, como a de sistemas sociais, do americano Chester I. Barnard; a da decisão, de Herbert Simon; a da cultura organizacional, de autores como Linda Smircich, Chris Argyris e Edgar Schein; a da pirâmide das necessidades, de Maslow; a teoria sobre higiene-motivação, de Frederick Herzberg; as teorias X e Y, de Douglas McGregor; e a teoria Z, de William Ouchi, entre outras.

Alguns autores de teoria geral da administração classificam os temas da cultura e da aprendizagem organizacional como uma abordagem pós-sistemas, ou pós-contingencial. A cultura organizacional e algumas de suas tipologias são apresentadas e discutidas no capítulo 5, e a aprendizagem organizacional, no capítulo 8.

A **teoria X**, do professor de administração americano McGregor (1906-1964), propõe uma "visão tradicional" de direção e controle, cujas premissas são as de que o ser humano não gosta do trabalho e o evita quando possível; e em função disso, as pessoas devem ser coagidas, controladas, dirigidas e punidas para que façam um esforço adequado para alcançar os objetivos da empresa; a maioria das pessoas prefere ser dirigida e evitar assumir responsabilidades; elas têm pouca ambição e querem segurança acima de tudo (McGregor, 2006, pp. 45-46).

Por outro lado, a **teoria Y**, discutida pelo mesmo autor, trabalha a possibilidade de "integração do indivíduo com metas organizacionais", pressupondo que trabalhar é tão natural quanto descansar ou jogar: o ser humano não rejeita o trabalho, e o controle externo e a punição não são as únicas maneiras de atingir os objetivos da empresa. A teoria considera que o compromisso é um caminho possível e que a satisfação pessoal pode ser congruente com os objetivos organizacionais. Nessa abordagem, as pessoas aprendem na relação com o trabalho e são vistas como protagonistas, assumindo voluntariamente responsabilidades e tendo a capacidade natural de exercitar a imaginação e a criatividade na solução dos problemas organizacionais (McGregor, 2006, pp. 65-66).

Partindo da análise das teorias X e Y, o também professor de administração americano William Ouchi define as **organizações do tipo Z** como aquelas que

> realmente utilizam modalidades hierárquicas de controle e assim não se apoiam inteiramente em convergência de metas entre os empregados para que haja ordem. No entanto, apoiam-se amplamente em meios simbólicos para promover uma atitude de igualitarismo e confiança mútua, e fazem-no, em parte, estimulando uma relação holística entre empregados. [...] [Há assim um] alto grau de coerência em sua cultura interna. (Ouchi, 1986, pp. 85-86)

A cooperação entre os indivíduos, a relação entre os processos e os objetivos pessoais e grupais e os processos de tomada de decisão são tidos como focos importantes da administração na abordagem comportamental.

O americano Chester I. Barnard (1886-1961) entende as organizações como sistemas cooperativos que são "complexos de componentes físicos, lógicos, pessoais e sociais, entre os quais existe uma relação sistemática e específica em razão da cooperação de duas ou mais pessoas que visam a um determinado fim" (Barnard, 1973, p. 26). O entendimento da cooperação como um elo na organização para o alcance dos objetivos certamente amplia a visão da abordagem clássica, na qual o principal mecanismo de controle do grupo é a subordinação.

Herbert Alexander Simon (1916-2001), outro autor de referência dessa abordagem, define organização como "o padrão de comunicação e relações entre um grupo de seres humanos, incluindo o processo de implementação e tomada de decisões" (Simon, 1997, p. 19). Ele afirma que a comunicação e as relações humanas em um grupo dão aos membros da organização os parâmetros das metas e as atitudes para a tomada de decisões, assim como as expectativas dos demais em relação às ações propostas. Define ainda a organização como "um sistema em equilíbrio, que recebe contribuições na forma de dinheiro e esforço, e que oferta estímulo como retorno a essas contribuições" (Simon, 1997, p. 150). Entende que as metas, a sobrevivência e o sucesso das organizações dependem de objetivos e interesses tanto organizacionais quanto pessoais.

O estudo do comportamento organizacional a partir das pessoas e do ambiente certamente amplia as possibilidades de entendimento da **organização como um ser vivo**, e abre espaço para a metáfora da organização como pessoa, que utilizamos como ideia central na concepção deste livro.

A complexidade física, mental e social das pessoas em muito se assemelha à das organizações, e a visão comportamental é bem apropriada ao analisarmos os vários elementos que fazem parte, direta ou indiretamente, da vida organizacional.

✓ ABORDAGEM SISTÊMICA

A abordagem sistêmica trata a organização como um organismo, ou um sistema aberto, e tem o ambiente como foco. As partes do sistema são inter-relacionadas e interdependentes, e a empresa é vista quanto a entradas, processamento e saídas, ou resultados.

Enquanto a abordagem clássica entende a organização como um sistema técnico e a abordagem humanística como um sistema social, a teoria geral de sistemas (TGS) entende a organização como uma combinação de ambos em um sistema estruturado e aberto, que, portanto, interage com o ambiente.

O biólogo e cientista austríaco Ludwig von Bertalanffy (1901-1972), um dos principais teóricos dessa abordagem, em seu livro intitulado *Teoria geral de sistemas*, afirma que não apenas uma célula ou um organismo devem ser considerados como um sistema aberto, mas também suas integrações e processos. As principais características de um sistema aberto são: vida, metabolismo, crescimento, desenvolvimento, autorregulação, resposta ao estímulo e atividade espontânea (Bertalanffy, 2013, p. 149).

Katz e Kahn (1967, p. 173) definem quatro tipos de organização, a partir da análise do papel que cada uma desempenha como "subsistema de uma sociedade maior":

a. **organização produtiva**, ou **econômica**, que está focada no suprimento de produtos ou serviços;
b. **organização de manutenção**, que se ocupa da capacitação das pessoas para que ocupem funções em outras organizações e na sociedade, como as igrejas e as escolas;
c. **organização de adaptação**, que busca soluções inovadoras e criação de conhecimento, como as universidades e os laboratórios de pesquisa;
d. **organização gerencial e política**, que se ocupa do controle e da coordenação de pessoas, como o Estado, os governos e os sindicatos.

Assim como a abordagem comportamental, a abordagem sistêmica ressalta a importância do ambiente na vida organizacional. Esta visão amplia o foco de análise, como exposto na tipologia acima, para considerar a importância de cada organização no ecossistema. Ao entendermos a organização como um subsistema social, mudam seu papel e também sua responsabilidade em relação ao todo. Assim como um órgão do corpo humano afeta todo o organismo, a saúde organizacional afeta o todo: a sociedade e, em última instância, o planeta.

✓ ABORDAGEM CONTINGENCIAL

Também com o foco no ambiente, mas expandindo a visão para incluir a tecnologia, temos a abordagem contingencial. Uma "contingência" é algo que foge ao controle e que pode acontecer ou não. A organização é entendida como um organismo que depende do ambiente e da tecnologia. Essa visão abrange o que está fora da organização, concluindo que não há uma maneira melhor de se organizar, pois deve-se ajustar ao ambiente. Surgem nessa abordagem algumas tipologias de organização, como as mecanicistas ou orgânicas, de Burns e Stalker, e a adhocracia, de Alvin Toffler, em função da maneira como se adaptam interna e externamente.

Para Burns e Stalker (1994, p. 120), as **organizações mecanicistas** são mais adequadas às condições de estabilidade e se caracterizam pela definição de tarefas, hierarquia, direitos, obrigações, métodos técnicos; pela interação vertical entre os membros; pela valorização da lealdade e da obediência aos superiores; pelo foco nos conhecimentos, experiências e habilidades internas. Já a forma **orgânica** é mais adequada para as condições em que ocorrem mudanças e é caracterizada pelo constante ajuste e redefinição das tarefas individuais em função do contexto; pelo comprometimento com a causa e com as metas; pela estrutura em rede do controle, da autoridade e da comunicação; pela valorização dos conhecimentos externos.

✓ UM RESUMO DAS ABORDAGENS

O quadro a seguir sintetiza os principais pontos de cada uma das abordagens mencionadas.

SÍNTESE DAS ABORDAGENS			
ABORDAGEM	FOCO	PRINCIPAIS REFERÊNCIAS	IDEIAS CENTRAIS
Clássica	Tarefas e estrutura	Taylor e Fayol	Centralização, ênfase nas atividades e no cumprimento das normas (sistema técnico)
Estruturalista	Estrutura e pessoas	Weber, Etzioni, Merton, Selznick, Gouldner, Crozier, Blau	Racionalização da organização, com estrutura, hierarquia e procedimentos normatizados (sistema técnico)
Humanística	Pessoas	Mayo	Produtividade depende da condição física e psicológica dos funcionários (sistema social)
Comportamental	Pessoas e ambiente	Simon, McGregor, Barnard, Herzberg, Argyris, Smircich, Schein	Comportamento individual, motivação e relação entre os interesses, processos e objetivos pessoais e grupais
Sistêmica	Ambiente	Bertalanffy, Katz e Kahn	A organização é um todo composto por partes inter-relacionadas e interdependentes (sistema sociotécnico)
Contingencial	Ambiente e tecnologia	Burns e Stalker	A organização deve se adaptar ao ambiente; não existe um único modelo a ser adotado

As abordagens clássica, estruturalista e humanística tiveram seus primeiros trabalhos publicados na primeira metade do século XX, enquanto a comportamental, a sistêmica e a contingencial têm sua maior expressão a partir da segunda metade do século passado.

Chiavenato (1983 e 2006) menciona ainda a abordagem neoclássica, que, em linhas gerais, é um resgate da visão mais pragmática e dos elementos da abordagem clássica da organização. Segundo o autor, essa abordagem retoma, a partir da década de 1950, aspectos operacionais e de gestão como eficiência, eficácia e planejamento, dando-lhes uma nova "roupagem" e ampliando a visão para incluir os vários aspectos da vida organizacional. Entre os autores de maior destaque desse enfoque está Peter Drucker, considerado o grande nome da gestão moderna.

Como vimos, cada abordagem sempre focaliza no máximo dois aspectos, ou "partes" da tal organização. Assim, cada teoria contribui com um olhar para esse complexo tema que é a vida organizacional.

Com o advento da sociedade pós-industrial, que atua em rede, na era da informação os desafios e estudos caminharam, após a década de 1980, nos ambientes acadêmicos e organizacionais, por temas como a qualidade total, a reengenharia, o planejamento estratégico, a gestão do conhecimento, a cultura organizacional, o poder e a psicanálise na organização, entre outros. Desse modo, olhar para a organização e para o ambiente, com foco na adaptação, na mudança e na aprendizagem, passa a ser condição vital nesta nova fase globalizada e de avanços tecnológicos até então inimagináveis.

Nas próximas páginas passaremos por conceitos e definições que resgatam, direta ou indiretamente, elementos da visão clássica e da estruturalista, principalmente quando falamos sobre a organização como máquina. No entanto, por entendermos a organização como pessoa, as abordagens humanística, comportamental, sistêmica e contingencial são as que apresentam mais relação com a nossa visão e com o texto deste livro. A humanística, por entendermos as pessoas como elemento central do "ser" organização; a comportamental, pela associação com os temas de cultura e valores organizacionais, entendidos como elementos centrais da "alma" da organização; e as abordagens sistêmica e contingencial, por tratarem da organização como uma pessoa, que tem um ciclo de vida e que interage e se adapta ao ambiente.

BIBLIOGRAFIA

BARNARD, Chester I. "As organizações como sistemas cooperativos". Em ETZIONI, Amitai. *Organizações complexas: um estudo das organizações em face dos problemas sociais*. São Paulo: Atlas, 1973.

_____. *The Functions of the Executive*. 30th Anniversary ed. Cambridge: Harvard University Press, 1968.

BERGER, Peter L. *Perspectivas sociológicas: uma visão humanística*. São Paulo: Círculo do Livro, 1976.

BERTALANFFY, Ludwig Von. *General System Theory: Foundations, Development, Applications*. Revised ed. 20th paperback printing. Nova York: George Braziller, 2013.

BLAU, Peter M. & SCOTT, W. Richard. *Organizações formais*. São Paulo: Atlas, 1970.

BURNS, Tom & STALKER, G. M. *The Management of Innovation*. Nova York: Oxford University Press, 1994.

CARAVANTES, Geraldo R.; PANNO, Cláudia C. & KLOECKNER, Mônica C. *Administração: teoria e processos*. São Paulo: Pearson Prentice Hall, 2005.

CASTELLS, Manuel. *A sociedade em rede*. São Paulo: Paz e Terra, 1999.

CHIAVENATO, Idalberto. *Introdução à teoria geral da administração*. 3ª ed. São Paulo: McGraw-Hill, 1983.

_____. *Princípios da administração: o essencial em teoria geral da administração*. Rio de Janeiro: Elsevier, 2006.

CHILD, John. *Organização: princípios e prática contemporânea*. São Paulo: Saraiva, 2012.

CORADI, Carlos. *Teorias da administração de empresas*. São Paulo: Perspectiva, 1977.

CROZIER, Michel. *O fenômeno burocrático*. Brasília: Editora da Universidade de Brasília, 1981.

DE MASI, Domenico. *A sociedade pós-industrial*. 3ª ed. São Paulo: Senac São Paulo, 2000.

DIAS, Reinaldo. *Sociologia das organizações*. 2ª ed. São Paulo: Atlas, 2012.

ETZIONI, Amitai. *Organizações modernas*. São Paulo: Biblioteca Pioneira de Ciências Sociais, 1967.

_____. *A Comparative Analysis of Complex Organizations*. Revised and enlarged ed. Nova York: The Free Press, 1975.

FAYOL, Henri. *Administração industrial e geral*. 4ª ed. São Paulo: Atlas, 1960.

HALL, Richard H. *Organizations: Structure and Process*. 2nd ed. Englewood Cliffs: Prentice Hall, 1977.

HATCH, Mary Jo. *Organization Theory: Modern, Symbolic and Postmodern Perspectives*. Nova York: Oxford University Press, 1997.

KATZ, Daniel & KAHN, Robert L. *Psicologia social das organizações*. São Paulo: Atlas, 1967.

LACOMBE, Francisco & HEILBORN, Gilberto. *Administração: princípios e tendências*. São Paulo: Saraiva, 2007.

MAXIMIANO, Antonio Cesar Amaru. *Teoria geral da administração*. 2ª ed. São Paulo: Atlas, 2012.

MAYO, Elton. *The Human Problems of an Industrial Civilization*. Nova York: Routledge, 2003.

MCGREGOR, Douglas. *The Human Side of Enterprise*. Annoted ed. Nova York: McGraw-Hill, 2006.

MOTTA, Fernando C. Prestes. *Teoria das organizações: evolução e crítica*. 2ª ed. São Paulo: Pioneira Thomson Learning, 2001.

_____ & VASCONCELOS, Isabella F. Gouveia. *Teoria geral da administração*. 2ª ed. São Paulo: Pioneira Thomson Learning, 2004.

OUCHI, William G. "Markets, Bureaucracies and Clans". Em *Administrative Science Quarterly*, 25, mar. 1980.

_____. *Teoria Z: como as empresas podem enfrentar o desafio japonês*. 10ª ed. São Paulo: Nobel, 1986.

PUGH, D. S; HICKSON, D. J. & HININGS, C. R. "An Empirical Taxonomy of Structures of Work Organizations". Em *Administrative Science Quarterly*, 14 (1), mar. 1969.

RICHARDSON, Roberto J. *et al*. *Pesquisa social: métodos e técnicas*. 3ª ed. São Paulo: Atlas, 1999.

SCOTT, W. Richard. *Organizations: Rational, Natural, and Open Systems*. 5th ed. Upper Saddle River: Prentice Hall, 2003.

_____. *Institutions and Organizations: Ideas and Interests*. 3rd ed. Califórnia: Sage, 2008.

SILVA, Jorge Ferreira da & ROCHA, Ângela da. "Réplica 2 – A estrutura intelectual da produção científica das alianças estratégicas: impressionismo ou realismo¿" Em *Revista de Administração Contemporânea*, 14 (4), Curitiba, jul./ago. 2010.

SILVA, Reinaldo O. da. *Teorias da administração*. São Paulo: Pearson Prentice Hall, 2008.

SIMON, Herbert A. *Administrative Behavior*. Nova York: The Free Press, 1997.

TAYLOR, Frederick Winslow. *The Principles of Scientific Management*. Nova York: Dover, 1998.

VALENÇA, Antonio Carlos (org.). *Aprendizagem organizacional: 123 aplicações práticas de arquétipos sistêmicos*. São Paulo: Senac São Paulo, 2011.

WEBER, Max. "Os fundamentos da organização burocrática: uma construção do tipo ideal". Em CAMPOS, Edmundo (org.). *Sociologia da burocracia*. Rio de Janeiro: Zahar, 1966.

2

A METÁFORA DA ORGANIZAÇÃO COMO PESSOA

UMA LATA EXISTE PARA CONTER ALGO
MAS QUANDO O POETA DIZ "LATA"
PODE ESTAR QUERENDO DIZER "O INCONTÍVEL"
UMA META EXISTE PARA SER UM ALVO
MAS QUANDO O POETA DIZ "META"
PODE ESTAR QUERENDO DIZER "O INATINGÍVEL"
POR ISSO, NÃO SE META A EXIGIR DO POETA
QUE DETERMINE O CONTEÚDO EM SUA LATA
NA LATA DO POETA TUDO-NADA CABE
POIS AO POETA CABE FAZER
COM QUE NA LATA VENHA A CABER
O INCABÍVEL
DEIXE A META DO POETA, NÃO DISCUTA
DEIXE A SUA META FORA DA DISPUTA
META DENTRO E FORA, LATA ABSOLUTA
DEIXE-A SIMPLESMENTE METÁFORA.

GILBERTO GIL, *METÁFORA*

METÁFORAS COMO PONTE PARA O CONHECIMENTO

A nossa comunicação é "baseada no mesmo sistema conceitual que usamos para pensar e agir", e esse sistema é metafórico por natureza (Lakoff & Johnson, 2003, p. 3, tradução nossa). As metáforas estão presentes em nossa vida cotidiana e em essência podem ser conceituadas como "o entendimento e a experiência de uma coisa em função de outra" (Lakoff & Johnson, 2003, p. 5, tradução nossa). Em outras palavras, elas facilitam a compreensão de algo que não conhecemos, ou que queremos explicar, a partir das suas similaridades ou principais características em comum com algo já conhecido. Queremos utilizá-las com o objetivo de aguçar a imaginação e permitir, pela associação com alguns aspectos relevantes, o entendimento da figura da organização e de seus possíveis tipos, formatos, aspectos e configurações.

Por exemplo, no subtítulo acima estamos nos valendo de uma metáfora. A palavra ponte resgata automaticamente a imagem de uma ligação entre dois pontos, traz a ideia de travessia. Com isso, evocamos a imagem de algo que nos é conhecido, para facilitar o entendimento de um termo que queremos compreender: a metáfora.

Com a metáfora "tempo é dinheiro", por exemplo, alguns conceitos são trazidos à tona. Em nossa cultura, o tempo é visto como um "bem valioso ou recurso limitado que usamos para alcançar nossas metas" e assim pode facilmente ser entendido como "dinheiro" em situações práticas da vida cotidiana, como em ligações telefônicas, no tempo de hospedagem em hotéis, nos orçamentos anuais, etc. Na sociedade moderna "entendemos e experimentamos o tempo como algo que gastamos, perdemos, orçamos, investimos sabiamente ou inadequadamente, economizamos". Essa afirmação e comparação tem uma forte relação com a cultura ocidental, mas é importante destacar que pode não fazer sentido em outros contextos ou culturas (Lakoff & Johnson, 2003, p. 8, tradução nossa).

Assim, mesmo que as metáforas permitam múltiplas interpretações, sua utilização como recurso de análise deve ser mediada pelo compartilhamento de sentidos entre autor e receptor. E, para que exista metáfora, faz-se necessária uma relação significativa desta com o objeto comparado (Caldas & Wood, 1999).

Ao abordar o papel das metáforas e analogias como ferramentas na educação, Wormeli (2009) afirma que muitas linguagens figurativas e recursos retóricos que são usados para ressignificar palavras e ideias, bem como para tornar concreto aquilo que é abstrato, podem ser categorizados como "pensamento metafórico". E além da linguagem, ao utilizarmos sinais de trânsito, letras, símbolos e desenhos, que também "substituem algo de um domínio por algo de outro domínio", estamos criando metáforas (Wormeli, 2009, pp. 3-6, tradução nossa).

Nonaka e Takeuchi (1997, p. 13) afirmam que a linguagem figurada, apresentada por metáfora ou analogia, é uma forma de fazer com que as pessoas compreendam a mensagem transmitida de modo intuitivo, independentemente de seus contextos ou experiências, por meio de imaginação e símbolos. Assim, pelas "metáforas as pessoas reúnem o que conhecem de novas formas e começam a expressar o que sabem mas que ainda não são capazes de dizer". Pela analogia, que é ainda mais estruturada do que a metáfora e "um degrau intermediário entre a imaginação pura e o pensamento lógico", é possível entender as diferenças entre duas ideias ou objetos, por meio de comparações.

Partimos aqui desse entendimento de que há a possibilidade de promover, por meio da imaginação que a metáfora resgata, o pensamento lógico e a comparação no entendimento da organização.

METÁFORAS EM ESTUDOS ORGANIZACIONAIS

As metáforas têm se mostrado de grande valia em estudos e pesquisas sobre organizações. Isso porque geralmente envolvem um alto grau de complexidade, pois, na maioria dos casos, há a necessidade de considerar não apenas os elementos físicos, visíveis e palpáveis, mas também os aspectos simbólicos, culturais e outros componentes, mais intangíveis ou tácitos da vida organizacional. Assim, podemos compreender as organizações por meio de metáforas, de modelos ou comparações que buscam simplificar a realidade e trazem uma imagem com os principais aspectos que queremos ressaltar.

As metáforas constituem visões parciais e incompletas, mas mesmo assim certamente auxiliam no entendimento das organizações pela associação com alguns aspectos mais marcantes do objeto relacionado. De fato, elas representam "um modo de pensar e uma forma de ver" (Morgan, 1996) nosso mundo organizacional.

Já no início do século XX, Fayol (que, como visto no capítulo 1, foi um dos grandes ícones da abordagem clássica da organização) comentava sobre o assunto:

> Compara-se, frequentemente, o corpo social das empresas a uma máquina, a um vegetal, a um animal.
>
> As expressões "máquina administrativa", "engrenagem administrativa" dão ideia de um organismo que obedece ao impulso chefe e cujas partes todas, bem ligadas, se movem harmoniosamente, visando ao mesmo fim.
>
> A vida vegetal tem sido também objeto de inúmeras aproximações com a vida social. Do ponto de vista do desenvolvimento, do tenro e único caule à arvorezinha, brotam ramos que se

> multiplicam e cobrem as folhas. E a seiva leva a vida a todos os galhos, mesmo aos mais frágeis, como a ordem superior leva a atividade até às extremidades mais íntimas e afastadas do corpo social.
>
> As árvores não crescem até o céu; os corpos sociais têm também seus limites. Tratar-se-á de insuficiente força de ascensão da seiva do primeiro caso e de insuficiente capacidade administrativa no segundo?
>
> Mas certa força, certo poder que a árvore, pelo seu desenvolvimento, sozinha não consegue alcançar pode ser consequência do agrupamento, da justaposição da floresta. Isso é o que a empresa obtém por intermédio dos convênios, escritórios comerciais, trustes, federações. Cada unidade, conservando ampla autonomia, presta à comunidade um concurso que lhe é largamente compensador. (Fayol, 1960, pp. 81-82)

Ou seja, por intermédio de metáforas, Fayol propôs uma visão da organização como um vegetal, uma árvore, e chamou de floresta o agrupamento de organizações em convênios ou federações. Na leitura do trecho de Fayol, é inevitável que a árvore e, na sequência, a floresta venham à nossa tela mental. Pode ser que algumas pessoas, após a leitura, sejam capazes até de detalhar as formas e cores da árvore e da floresta. Assim, a imagem chega com a metáfora e certamente facilita o entendimento da ideia ou das ideias centrais que se quer demonstrar por associação, por comparação. Essa é a riqueza da metáfora.

Por outro lado, os psicólogos sociais Daniel Katz (1903-1998) e Robert L. Kahn, ligados à abordagem sistêmica — que entende a organização como um todo com entradas, transformação e saídas —, criticaram a utilização de metáforas simplificadoras que tratam apenas da parte mais visível da organização e ignoram os elementos mais sutis:

> Não existe falácia mais universal, persistente, fútil e prejudicial às ciências sociais do que o uso do modelo físico para a compreensão de estruturas sociais. A metáfora biológica, com sua grosseira comparação das partes físicas do corpo às partes do sistema social, tem sido substituída por analogias mais sutis, porém igualmente condutoras a concepções errôneas entre o funcionamento biológico e o social. Este tipo de raciocínio figurativo ignora a diferença essencial entre a natureza socialmente planejada dos sistemas sociais e a estrutura física da máquina ou do organismo humano. Enquanto os autores estiverem comprometidos com um arcabouço teórico baseado no modelo físico, eles não perceberão os fatos sociopsicológicos essenciais do caráter altamente variável e frouxamente articulado dos sistemas sociais. No futuro, como no passado, ignorarão a significância do sistema aberto em relação à manutenção e produção de *inputs* e negligenciarão a importância decisiva de manutenção de *input* para o sistema social. Eles verão as organizações sociais em termos de teoria de máquina ou inverterão seu campo, interpretando resultados sociais como decisões individuais, e equacionarão papéis com personalidades. (Katz & Kahn, 1967, pp. 47-48)

Por meio de metáfora ou comparações, podemos pensar a organização como máquinas, organismos, cérebros, culturas, sistemas políticos, prisões psíquicas, fluxos, instrumentos de dominação, teatro, famílias e outros (Morgan, 1996; Ezrahi, 1995; Yousefi, 2005). Marshak (1996) destaca quatro temas centrais nos estudos de metáforas nas organizações: mecânico, cognitivo, biológico e relacional.

Exploraremos na sequência as metáforas da organização como máquina, cérebro, organismo e cultura, que, respectivamente, guardam uma associação com esses temas: a máquina com o mecânico; o cérebro com o cognitivo; o organismo com o biológico e a cultura com o relacional.

Por fim, exploraremos a metáfora da organização como pessoa, que engloba os aspectos mecânicos, cognitivos, biológicos e relacionais da vida organizacional, além de estabelecer uma relação com os aspectos mais físicos e visíveis, assim como com os mais sutis e intangíveis. E é a partir dessa metáfora que construímos a estrutura do livro e a linha de raciocínio dos próximos capítulos.

✓ A ORGANIZAÇÃO COMO MÁQUINA

A associação com a máquina surge da ideia de que as relações humanas e o trabalho podem ser padronizados. A forma mecânica de entender organização compreende que a instrumentalização oferece as condições para uma operação eficaz e para que os fins sejam atingidos. A organização então é vista como um instrumento, remetendo à própria origem da palavra, o grego *organon*, "instrumento". Essa é a visão predominante na abordagem clássica da administração, que tinha por base o planejamento e a organização total da "administração científica".

Esta metáfora funciona bem quando existe uma tarefa rotineira a ser realizada e o ambiente é relativamente estável. Assim, a padronização e a precisão estão presentes, e as pessoas submetem-se e comportam-se conforme o planejado. No entanto, a imagem mecanicista tende a subvalorizar os aspectos humanos da organização, a simplificar ou entender de modo bem superficial as tarefas complexas, imprevisíveis e difíceis de serem realizadas mecanicamente. Ignora os elementos mais sutis e característicos da natureza humana e sua relação com o ambiente externo, entendendo a organização como um sistema fechado e com fim em si mesmo.

✓ A ORGANIZAÇÃO COMO CÉREBRO

A comparação da organização com o cérebro parte do conceito de que o seu funcionamento passa pelo processamento de informações, pela aprendizagem e pela inteligência. O foco da análise reside na capacidade de auto-organização e aprendizagem organizacional. Os resultados esperados são a inovação, a evolução e a relação inteligente com o ambiente e as mudanças.

Segundo Morgan, as imagens associadas ao cérebro estão centradas na ideia de que ele é um sistema de controle ou de processamento de informações,

> semelhante a um computador complexo, ou aparelho de telefone, que transmite informação através de impulsos eletrônicos; como um tipo de sistema de televisão com a capacidade de reagrupar padrões coerentes e imagens de milhões de pedaços de dados; como uma sofisticada biblioteca ou banco de memória para estocagem ou recuperação de dados; como um sistema complexo de reações químicas que transmitem mensagens e disparam ações; como uma misteriosa "caixa preta" que liga estímulos e comportamento; como um sistema linguístico que opera através de um código neural que traduz informações em pensamentos, ideias e ações através de mudanças químicas e elétricas, da mesma forma como um código representado num alfabeto pode ser convertido em prosa via palavras e sentenças. (Morgan, 1996, pp. 83-84)

As organizações, nesse entendimento, "são sistemas de processamento de informações capazes de aprender a aprender" (Morgan, 1996, pp. 88-89). A aprendizagem organizacional, foco dessa metáfora, é abordada em mais detalhes no capítulo 8.

✓ A ORGANIZAÇÃO COMO ORGANISMO

A organização pode também ser vista como um organismo, um sistema vivo ou aberto, pertencente, então, a um ambiente mais abrangente. Essa perspectiva amplia a análise para além da organização, suscitando questões mais "biológicas" que estão relacionadas com a sobrevivência, o ambiente e a eficácia organizacional.

Segundo Morgan (1996), a partir da metáfora da organização como um organismo vivo, a relação com o ambiente pode ser vista de diferentes formas:

- adaptação: partindo da abordagem contingencial, as organizações são vistas como sistemas abertos que estão inseridos em um ambiente e, portanto, necessitam de gerenciamento para equilibrar e satisfazer as necessidades internas, como também para se adaptarem às circunstâncias externas;
- seleção natural: como um organismo da natureza, para sobreviver a organização depende de sua capacidade de adquirir as condições e os recursos necessários. O ambiente é tido como o fator crítico e seleciona as espécies e os sobreviventes mais fortes, eliminando os mais fracos;
- ecologia organizacional: parte do pressuposto de que todo o sistema evolui com a ecologia pela interação, colaboração, mudança e troca entre os organismos e o ambiente. Nesse sentido, Emery e Trist (1973) afirmam que existe, então, a possibilidade de uma adaptação ativa, pois, ao conhecer o ambiente e suas leis, é possível modificar as condições e a própria definição de "resposta adaptativa".

Assim, a abordagem da seleção natural entende que é o ambiente que seleciona os sobreviventes, ou mais fortes, enquanto as perspectivas de adaptação e ecologia organizacional são visões que tratam a organização como mais proativa, que consideram a possibilidade de interação e troca com o meio.

Para um tratamento mais completo das relações entre ambiente e organização, devem-se aliar as visões de adaptação e de ecologia organizacional à de seleção, entendendo-as como complementares e integradas. Acreditamos que seja possível e desejável considerar a ocorrência de processos de seleção combinados com a "sistemática das mudanças no nível organizacional, que pode, sob certas condições, ser adaptativa" (Baum, 1998, p. 184, tradução nossa).

As organizações, como organismos vivos, se adaptam continuamente aos ambientes, que sempre mudam e, portanto, nunca alcançam um forma definitiva, mas sempre estão em contínuo estado de transformação (Ritto, 2005).

✓ A ORGANIZAÇÃO COMO CULTURA

A metáfora da cultura tem seu foco no significado simbólico dos aspectos da vida organizacional. Essa metáfora, que trata de elementos mais presentes na abordagem humanística e comportamental, abre espaço para a reinterpretação da organização e sua relação com o ambiente. Entender a organização como cultura traz à tona, assim, a visão dos elementos mais abstratos e implícitos da vida organizacional (Morgan, 1996).

Neste livro entendemos a cultura como um aspecto fundamental para a compreensão da vida organizacional, como um dos componentes elementares da "alma" da organização. Por isso, dedicamos boa parte do capítulo 5 a uma análise mais criteriosa sobre o conceito, as tipologias, a profundidade e outras características da cultura.

✓ A ORGANIZAÇÃO COMO PESSOA

Na construção da estrutura deste livro partimos da metáfora da organização como pessoa. Ao compararmos a organização com um ser humano, que tem corpo e alma — cultura e valores organizacionais —, buscamos trazer à tona os elementos mais físicos e os mais sutis da vida organizacional. O corpo certamente é composto daquilo que é mais tangível, mais visível e, portanto, traz uma imagem quase que direta e imediata.

Já os aspectos mais sutis são tratados aqui como a "alma". Essa palavra — que deriva do latim *anima*, "expressão, animação, vida" — tem relação com "as manifestações mais diferenciadas de sensibilidade" e do pensamento, "que se define em oposição ao corpo" e está associada à "personalidade, individualidade, consciência". A alma pode ser definida ainda como "conjunto das funções psíquicas e dos estados de consciência do ser humano que lhe determina o comportamento" (Ferreira, 1999, pp. 100-101).

O psicólogo James Hillman (1926-2011) afirma que os termos "alma" e "ânima" eram utilizados por Carl Jung alternadamente, mas que preferia "ânima" por ser menos genérico e vago que "alma", e também por não se confundir "com as tradicionais ideias de religião e filosofia" (Hillman, 1985, p. 85).

Outro termo correlato e também usado por vezes como sinônimo de "alma" é "psique". As primeiras noções de *psyché* na Grécia e de *anima* em Roma trazem uma associação com o elemento ar e, portanto, com a ideia do "elemento invisível, o qual, como a realidade psíquica, conhecemos apenas indiretamente". E essa imaginação aérea da alma tem então, como pressuposto, algo além da "perspectiva corpórea natural do literalismo empírico e material": o "corpo sutil" (Hillman, 1985, p. 157).

Esse autor afirma ainda que "a alma deve ser a metáfora primária da psicologia" (Hillman, 1988, p. 40) e que "deste modo, alma como metáfora leva a ultrapassar o problema de 'como definir a alma' e favorece um relato da alma em termos de imaginação, em vez de definição" (Hillman, 1988, p. 46). Essa visão trata a alma como uma imagem.

Portanto, se levarmos esse entendimento psicológico para o contexto da organização, pela metáfora da organização como pessoa, mesmo não definindo categoricamente a "alma" e com uma conceituação completa — pois o objetivo aqui é mais a imagem do que a definição —, a alma seria aquilo que extrapola tudo que é possível ver diretamente (o corpo físico) e remeteria ao que é mais sutil, tendo ao mesmo tempo relação com a individualidade, com a personalidade da organização.

Assim, abordamos a cultura e os valores organizacionais como a "alma" da organização, com o objetivo de trazer à tona aquilo que, mais do que os elementos físicos, traduz a essência da individualidade da organização, que a influencia diretamente e direciona seu comportamento.

A utilização de "pessoa" para se referir à organização nos parece um tanto quanto intuitiva, pois quando falamos, por exemplo, de sua constituição jurídica, o termo "pessoa jurídica" (PJ) é utilizado como um paralelo à "pessoa física" (PF). E como "pessoa" deriva do latim *persona*, que significa "máscara, personagem, ator", podemos entender a pessoa física como um ator individual, e a jurídica, ou a organização em geral, como um ator social, uma pessoa coletiva. Essa "pessoa", assim como o ser humano, tem uma identidade própria. Ela é única e pode se apresentar de diferentes formas, tipos ou configurações. Durante sua vida, interage com o meio, de modo reativo ou proativo; aprende, muda constantemente, pode adoecer, cuidar de sua saúde...

A partir do próximo capítulo, tratamos dos vários aspectos relacionados com a vida organizacional, tendo como referência essa metáfora da organização como uma pessoa.

As visões das metáforas apresentadas aqui não são excludentes e, por serem abstrações que realçam certas características, selecionadas a partir de um foco de análise, podem se complementar no entendimento mais amplo do assunto.

Hatch (1997) considera a visão das metáforas útil ao entendimento de aspectos da vida organizacional, mas, assim como Morgan (1996), alerta que a metáfora não é a própria organização e que, por causa da complexidade que envolve o cenário completo, a adoção de apenas uma perspectiva limitaria a análise. O fato de concentrar o foco em alguns aspectos particulares da organização necessariamente significa subestimar ou ignorar outros pontos de vista relevantes, em uma abordagem unilateral.

Por outro lado, a utilização de múltiplas abordagens e a compreensão dos aspectos de cada metáfora, teoria e perspectiva, segundo Hatch (1997), podem elucidar e trazer um entendimento mais amplo sobre a organização.

Entendemos que a metáfora da organização como **pessoa** aqui proposta pode perfeitamente complementar e interagir com a da **cultura**, quando tratamos dos elementos mais intangíveis; do **organismo**, quando abordamos questões de sua composição e adaptação ao meio; do **cérebro**, quando falamos da aprendizagem organizacional; e até com a da **máquina**, ao abordarmos alguns aspectos do seu funcionamento, principalmente na forma de burocracia.

BIBLIOGRAFIA

BAUM, Joel A. C. "Ecologia organizacional". Em CLEGG, Stewart R. *et al.* (orgs.). *Handbook de estudos organizacionais*, vol. 1, 2ª ed. São Paulo: Atlas, 1998.

BERTALANFFY, Ludwig von. *General System Theory: Foundations, Development, Applications*. Nova York: George Braziller, 2013.

CALDAS, Miguel P. & WOOD JR., Thomaz. *Transformação e realidade organizacional: uma perspectiva brasileira*. São Paulo: Atlas, 1999.

EMERY, Frederick E. & TRIST, Eric L. *Towards a Social Ecology*. Nova York: Plenum/Rosetta, 1973.

EZRAHI, Yaron. "The Theatrics and Mechanics of Action: the Theater and the Machine as Political Metaphors". Em *Social Research*, 62 (2), Summer 1995.

FAYOL, Henri. *Administração industrial e geral*. 4ª ed. São Paulo: Atlas, 1960.

FERREIRA, Aurélio Buarque de Holanda. *Novo Aurélio Século XXI: o dicionário da língua portuguesa*. 3ª ed. Rio de Janeiro: Nova Fronteira, 1999.

GIL, Gilberto. "Metáfora". *Gil luminoso*. Álbum de 2006.

HATCH, Mary Jo. *Organization Theory: Modern, Symbolic and Postmodern Perspectives*. Nova York: Oxford University Press, 1997.

HILLMAN, James. *Anima: anatomia de uma noção personificada*. São Paulo: Cultrix, 1985.

_____. *Psicologia arquetípica: um breve relato*. São Paulo: Cultrix, 1988.

KATZ, Daniel & KAHN, Robert L. *Psicologia social das organizações*. São Paulo: Atlas, 1967.

LAKOFF, George & JOHNSON, Mark. *Metaphors We Live By*. Chicago: The University of Chicago Press, 2003.

MARSHAK, Robert J. "Metaphors, Metaphoric Fields and Organizational Change". Em GRANT, David & OSWICK, Cliff. *Metaphor and Organizations*. Londres: Sage, 1996.

MORGAN, Gareth. *Imagens da organização*. 3ª ed. São Paulo: Atlas, 1996.

_____. "Paradigms, Metaphors, and Puzzle Solving in Organization Theory". Em *Administrative Science Quarterly*, 25 (4), 1980.

NONAKA, Ikujiro & TAKEUCHI, Hirotaka. *Criação de conhecimento na empresa: como as empresas japonesas geram a dinâmica da inovação*. 13ª ed. Rio de Janeiro: Elsevier, 1997.

PRIGOGINE, Ilya. "The Future is Not Given, in Society or Nature". Em *New Perspectives Quarterly*, 17 (2), Spring 2000.

RITTO, Antonio Carlos. *Organizações caórdicas: modelagem de organizações inovadoras*. Rio de Janeiro: Ciência Moderna, 2005.

STRATI, Antonio. "Organization as Hypertext: a Metaphor from Visual Cultures". Em *Studies in Cults., Orgs., and Socs*, 3, 1997.

WEICK, Karl E. *Making Sense of the Organization*. Londres: Blackwell, 2001.

WORMELI, Rick. *Metaphors & Analogies: Power Tools for Teaching any Subject*. Portland: Stenhouse, 2009.

YOUSEFI, M. H. *Organizational Metaphors*. Trabalho acadêmico. Tehan: Allameh Tabatabayi University, nov. 2005.

3

PERSONALIDADES BEM DISTINTAS: BUROCRACIA *VERSUS* ADHOCRACIA

QUANTO MAIS DINÂMICA UMA INSTITUIÇÃO É, MAIS AS SOLUÇÕES SERÃO *AD HOC*. [...] QUANTO MAIS DINÂMICO UM GRUPO, MAIS RAPIDAMENTE AS COISAS ACONTECEM. E MANTER UMA MARGEM PARA CONFUSÃO E CAOS PODE PREVENIR O ESTRESSE.

SRI SRI RAVI SHANKAR[1]

1 Disponível em http://www.artofliving.org/br-pt/visao-geral. Acesso em 23-4-2014.

Como vimos no capítulo 1, existem vários tipos de organização: coerciva, utilitária, normativa, orgânica, mecanicista, entre outros. Ao longo dos próximos capítulos, trataremos de dois tipos bem diferentes, que aparecem tanto nas análises e tipologias da organização, quanto nos debates sobre ambiente e ciclo de vida: a burocracia e a adhocracia.

Partindo da metáfora da organização como pessoa, podemos afirmar que burocracia e adhocracia são indivíduos em diferentes fases da vida, com princípios e valores também bem distintos. Enfim, são pessoas com poucas similaridades entre si. Vale a pena entendermos um pouco mais das características dessas formas tão diferentes de organização.

BUROCRACIA

É o **domínio técnico**; seu nome vem de *bureau* ("escritório" em francês) e *krátos, kratía* ("domínio, governo, poder" em grego). A burocracia opera como uma **máquina** e tem sido uma das formas mais comuns de organização. Sua configuração é bem definida, com aspectos e características bem delineados.

Opera geralmente na produção ou nos serviços em massa. Por consequência, há uma preocupação com processos e atividades capazes de garantir a qualidade e a agilidade dessa atuação em escala. A estratégia tem como focos o baixo custo, a eficiência operacional e a racionalização de recursos; portanto, sua estrutura geralmente é mais elaborada. Nota-se que esse tipo de configuração é característico de organizações maiores, que apresentam grande número de operações com certo grau de padronização e que são maduras o suficiente, em termos de idade, para introduzir e implementar esses padrões. São organizações que têm precedência em relação ao ambiente, ou seja, entende-se que o ambiente é que deve se adequar a elas (Mintzberg & Quinn, 1996) e que, geralmente, operam em ambientes mais estáveis.

Ao comparar modelos orgânicos, mecanicistas e burocráticos de organização, Hatch (1997) evidencia que as formas orgânicas têm baixos graus de complexidade, formalização e centralização; as mecanicistas apresentam altos graus nos três quesitos e as organizações burocráticas têm baixa centralização e alta complexidade e formalização. Assim, Hatch argumenta que as formas mecanicistas e burocráticas são parecidas, mas que a última apresenta menos centralização, com decisões levadas a outras instâncias, o que as diferencia das mecanicistas "puras".

A ênfase da burocracia está na eficiência, precisão, clareza e facilidade de execução. E, para isso, são criados cargos, normas, hierarquia e mecanismos de supervisão e controle. Bennis e Slater (1969, p. 55) destacam como principais características da burocracia:

a. cadeia de comando bem definida;
b. sistema de procedimentos e regras para lidar com todos os tipos de contingências relacionadas com as atividades do trabalho;
c. divisão do trabalho baseada na especialização;
d. promoção e seleção baseadas em competência técnica;
e. impessoalidade nas relações humanas.

Weber (1966) entende que a organização burocrática depende da efetividade da autoridade legal, em que a pessoa que representa essa autoridade ocupa um cargo e, então, a subordinação e as regras são tidas como lei. Nesse sentido, a autoridade é exercida dentro da estrutura burocrática, considerada como o tipo ideal de organização.

Para Alvin W. Gouldner (1964), existem três padrões ou tipos de burocracia industrial:

a. **burocracia falsa**, na qual as regras que são impostas ao grupo vêm de um "agente externo" — ou seja, nesse tipo de organização, ninguém assume participar da criação ou ser o proprietário das regras;
b. **burocracia representativa**, na qual gerentes e funcionários assumem as regras como suas;
c. **burocracia centrada na punição**, na qual as regras nascem por pressão dos gerentes e funcionários, mas são mantidas pela supervisão contínua e punição — esse tipo é o que causa as maiores tensões internas.

Sob uma outra perspectiva e partindo de três dimensões básicas — estruturação das atividades, concentração da autoridade e linha de controle do fluxo de trabalho — somadas a cinco variáveis estruturais — especialização das funções e divisão do trabalho; padronização dos procedimentos com a aplicação de regras rígidas; grau de formalização da documentação das regras, normas e instruções; centralização da autoridade e tomada de decisão; configuração da estrutura —, Pugh, Hickson e Hinings (1969) estabelecem esta taxonomia:

a. **burocracia plena**, com altas médias de estruturação de atividades e concentração de autoridade, tendo médias relativamente baixas de integração do fluxo de trabalho. Como exemplo desse tipo de burocracia, citam o governo;
b. **burocracia plena nascente**, com as mesmas características da anterior, porém em menor grau, como os escritórios de engenharia civil e as fábricas;

c. **burocracia do fluxo de trabalho**, com alta estruturação de atividades e baixas médias de concentração de autoridade e integração do fluxo de trabalho. Essas empresas foram as maiores organizações encontradas na amostra do estudo realizado pelos autores, sendo a maioria do setor industrial;
d. **burocracia nascente do fluxo de trabalho**, com as mesmas características da anterior, porém em menor grau, como as empresas manufatureiras maiores;
e. **burocracia de pré-fluxo de trabalho**, com médias baixas nas três dimensões, como as pequenas empresas manufatureiras;
f. **burocracia pessoal** com baixa estruturação de atividades e altas médias de concentração de autoridade e integração do fluxo de trabalho, como as repartições públicas;
g. **organização implicitamente estruturada**, com baixas médias de estruturação de atividades e concentração de autoridade, tendo alta integração do fluxo de trabalho; como pequenas empresas manufatureiras, empresa de construção, companhia de seguro e lojas.

Pela análise das tipologias e variações existentes nas diversas definições, podemos afirmar que mesmo as burocracias, tratadas geralmente a partir de um único e velho estereótipo, uma imagem já pré-concebida, não se apresentam em forma definitiva. Existem, portanto, variações dentro de um padrão de comportamento.

Comparada a uma pessoa, a burocracia seria um indivíduo conservador com suas finanças e questões pessoais, organizado e que gosta de ter tudo sob controle. Para isso, planeja e racionaliza suas atividades, buscando o uso adequado e ponderado de seus recursos. Age pouco pela emoção e mais pela razão, gosta de estabilidade e de segurança nos vários aspectos da sua vida e do ambiente em que vive.

Essa imagem parece traduzir e transpor os principais aspectos da figura humana para a organização burocrática, em termos físicos e emocionais. Mas assim como cada pessoa é única, uma pessoa burocrática também não é idêntica à outra. Cada organização tem suas próprias peculiaridades e singularidades, mesmo dentro de categorias, a princípio, similares.

Pelo senso comum, todas as pessoas têm qualidades, defeitos e limitações, assim como os tipos de organização. Sendo assim, quais seriam os problemas e limites da burocracia?

DISFUNÇÕES E LIMITES DA BUROCRACIA

A partir da visão de Weber, o sociólogo francês Michel Crozier (1922-2013) aponta a necessidade de expandir o entendimento para um contexto além do poder, ao considerar os limites que a burocracia impõe ao crescimento das grandes organizações. Entende que a evolução da organização depende, pelo menos em parte, da capacidade do homem em dominar e romper com os círculos viciosos burocráticos:

> o mundo do poder não abrange mais do que uma parte das complexas relações entre indivíduos e organizações. O mundo do consentimento e da cooperação, cuja importância já aparece quando se procura levar até o fim a interpretação de todas as relações humanas, em termos de análise estratégica, constitui outro aspecto muito importante dessas relações. (Crozier, 1981, p. 257)

O sistema centrado em controle, subordinação e punição — conforme argumenta Gouldner (1964) sobre a burocracia centrada na punição, em que há uma supervisão muito próxima — também tem suas disfunções.

Analisando os limites da organização burocrática, que tem Weber como precursor, Robert Merton (1966) alerta que, para que haja um comportamento padronizado, conforme pressupõe a burocracia, a atitude dos funcionários deve ser ritualista, de uma rigidez tal que dificulta-se o processo de encontrar respostas às exigências da tarefa, fazendo assim com que o funcionário não disponha de um entendimento mais amplo sobre a empresa na qual trabalha. Salienta ainda que esse sistema depende da disciplina e de alto grau de confiança na conduta dos funcionários; que o esforço para alcançar esse estado provoca um deslocamento dos objetivos e, pela rigidez, a incapacidade de ajustamentos imediatos, interferindo na consecução dos fins da organização (Merton, 1966).

Essas críticas nos remetem ao fato de que a razão está totalmente no comando das atividades dessa "pessoa" burocrática. Em alguns casos, o extremo dessa racionalização e o foco em atividades e processos podem restringir a visão do funcionário em relação às metas e estratégias da empresa e de aspectos emocionais e intuitivos – característicos da natureza humana — que poderiam melhorar a operação e a vida da organização.

Alguns autores classificam esse tipo de organização como um mecanismo de poder, controle e alienação, dentro de um contexto mais amplo, no qual a sociedade moderna é entendida como uma sociedade de organizações burocráticas submetida ao Estado, que é uma grande organização burocrática (Motta, 1981). Nessa perspectiva, o funcionamento da empresa pressupõe controle, autoridade, domínio, subordinação e uma consequente alienação das pessoas.

Tanto Gouldner como Selznick entendem que a organização burocrática, tida por Weber como o tipo ideal, está bem longe de ser perfeitamente eficiente e que a pressuposta eficiência organizacional da burocracia mantém estreita relação com a robotização do indivíduo (Crozier, 1981). A necessidade de especialização cria um "espírito de casta" que leva a uma cristalização do funcionário em torno de seu papel. Com isso são necessários mecanismos que aumentem a participação (cooptação) e o poder dos funcionários (doutrinação ideológica) para aumentar a lealdade e permitir que o sistema continue em funcionamento (Selznick, 1966).

Peter M. Blau também alerta para os limites da autoridade como mecanismo de controle, o que é típico da burocracia, ao avaliar o contexto social em que a educação, a cultura e os valores exercem impacto no funcionamento social e no da máquina burocrática:

> Quando uma orientação autoritária, para as relações sociais, prevalece na família e na sociedade em geral, e quando a falta de educação limita a qualificação de oficiais subalternos, como na Alemanha no tempo de Weber, o controle hierárquico estrito poderá ser o método mais eficiente de funcionamento burocrático. Todavia, quando a igualdade nas relações sociais é altamente estimada, e quando se atingiu um nível muito mais elevado de educação popular, como nos Estados Unidos hoje em dia, permitindo considerável discrição aos funcionários subalternos no desempenho de suas responsabilidades, isso poderá constituir um sistema mais eficiente de administração. Da mesma forma, numa cultura em que os homens são orientados para tradições de mais de um século, a eficiência burocrática provavelmente requer menos modificações da organização do que em uma cultura nova, em que o progresso constitui um valor central. (Blau, 1973, pp. 335-336)

A burocracia funciona bem em tempos de estabilidade, mas em períodos de mudança deve encontrar uma maneira de sair do mundo de seus sistemas, procedimentos e planejamentos para se adaptar ao meio (Mintzberg & Quinn, 1996).

Nesse sentido, Bennis e Slater (1969), já há algumas décadas, destacavam quatro principais desafios para o modelo burocrático:

a. as mudanças rápidas e inesperadas;
b. o aumento em tamanho das atividades tradicionais da organização, insuficiente para sustentar o seu crescimento;
c. a complexidade da tecnologia moderna, em que há a demanda de integração entre atividades e pessoas especializadas (diversidade);
d. a mudança no comportamento gerencial.

Enfim, apesar de ainda hoje as características da forma burocrática estarem presentes em alto grau nas organizações contemporâneas, a realização do "tipo ideal" proposto por Weber, que praticamente desconsidera as relações humanas e as questões do comportamento organizacional, parece impraticável em sua plenitude.

No entanto, é evidente que a ênfase em regras, hierarquia, autoridade, divisão do trabalho e formalização pauta ainda hoje a estrutura e a configuração das organizações, principalmente das maiores e com mais tempo de vida.

ADHOCRACIA

É o **poder do momento presente**. Seu nome vem de *ad hoc* (expressão latina para "momento presente" e "finalidade imediata") + *krátos, kratía* ("domínio, governo, poder" em grego). As palavras de ordem são: adaptação, inovação, tecnologia, empreendedorismo.

O planejamento excessivo das tarefas, as regras e a estabilidade passam longe deste tipo de organização, na qual as soluções *ad hoc* são o foco. É o poder ou o domínio do momento presente, da finalidade imediata.

Bennis e Slater (1969), em seu livro clássico *A sociedade temporária*, já na década de 1960 afirmavam que sistemas temporários adaptativos, com o foco em resolução de problemas e especialistas diversos, unidos em um fluxo orgânico, gradualmente substituiriam a organização burocrática como a conhecemos.

A estrutura da adhocracia é altamente orgânica. Nela, as entregas de projetos ocorrem por meio da união de profissionais organizados invariavelmente em um esquema de times ou força-tarefa. Como fica evidenciado, as características da burocracia se opõem a esse modelo, pois geralmente há a necessidade de poucas amarras para que o processo seja único, criativo e inovador.

Segundo Mintzberg (2003), de todas as configurações existentes de organização, a adhocracia é a que demonstra menor reverência aos princípios clássicos da administração, principalmente quando falamos sobre gestão ou coordenação das atividades.

Em contraponto ao modelo burocrático, que foi criado a partir da referência da indústria, a adhocracia parece se adequar melhor às características da sociedade pós-industrial, que começou a tomar forma a partir da Segunda Guerra Mundial (1944-1945). De Masi (2000) salientou como características da adhocracia: uma maior concentração dos trabalhadores no setor terciário, em resposta ao declínio dos modelos de vida associados à indústria; o surgimento de valores e culturas centrados no lazer; o foco em conhecimento teórico, planejamento social, pesquisa científica, produção de ideias e instrução; o declínio da luta de classes polarizada, substituída por uma pluralidade de conflitos e movimentos.

Esse tipo de configuração é típico de ambientes mais dinâmicos e complexos, onde há o imprevisível e a descentralização. Os especialistas exercem um importante papel nesse tipo de organização, pois os processos e as decisões fluem de maneira mais flexível e informal, e a inovação depende muito das competências individuais, das *expertises*.

Nesse tipo de organização, o ambiente é quem comanda e a adaptação é contínua para que os objetivos finais sejam atingidos. A visão está sempre na realidade do mercado e a estrutura é mais enxuta, com membros qualificados e que interagem o tempo todo. É o caos dentro de algumas diretrizes macro de metas e limites (Mintzberg & Quinn, 1996).

São os projetos, como força-tarefa, que unem as pessoas. Mas Waterman Jr. (1990) alerta que, dependendo de como as tarefas são divididas, organizadas e acompanhadas, a estrutura pode se assemelhar à burocrática, independentemente de ser orientada a projetos, pois uma burocracia em roupagem *ad hoc* continuará sendo uma burocracia (Waterman Jr., 1990, p. 17).

As **adhocracias temporárias** têm sido também um fenômeno contemporâneo. Nelas, os grupos especializados com características *ad hoc* se constituem, realizam um trabalho e depois se dissolvem — como por exemplo nas guerrilhas ou nos comitês Olímpicos, entre outros (Mintzberg & Quinn, 1996).

Partindo do objetivo final da organização, temos dois tipos distintos (Mintzberg, 2003):

a. **adhocracia operacional**, que atende diretamente às demandas do cliente final. Ou seja, a administração e a operação estão fundidas como adhocracia e engajadas como uma única organização para o alcance dos objetivos. São exemplos desse tipo as produtoras de filmes, as companhias teatrais, de organização de eventos internacionais e pontuais, entre outras;

b. **adhocracia administrativa**, que funciona como uma equipe de projetos na qual ocorre a separação entre a administração e a operação. Assim, podemos ter, por exemplo, uma organização burocrática — com um sistema técnico complexo e sofisticado — com um núcleo operacional funcionando como adhocracia para buscar a inovação ou realização de projeto específico. Esse núcleo operacional, constituído organicamente, pode responder à cúpula estratégica da organização. Ou seja, temos aqui um exemplo de modelo híbrido.

A adhocracia não é uma configuração estável, e geralmente são organizações mais jovens, que se modificam quando crescem em tamanho, experiência e idade. Algumas organizações desse tipo têm vida curta, pois são criadas, realizam seu objetivo e se dissolvem; outras, quando obtêm sucesso e ganham mais idade, repetem projetos, acabam ficando mais estáveis e com uma estrutura mais burocrática. Assim, uma **adhocracia profissional**, com o passar do tempo, tende a se transformar em uma "burocracia profissional" (Mintzberg, 2003).

Em contraponto à "pessoa" burocrática, a adhocracia evoca a imagem de um indivíduo que busca a inovação e trabalha o tempo todo em redes. Aquela pessoa que, ao mesmo tempo, estuda, se conecta à internet e às redes sociais, ouve música e assiste à televisão; que gosta de trabalhos mais curtos, de projetos, e se adapta mais facilmente às mudanças do ambiente, pois sua palavra de ordem é inovação, mudança. Está sempre ligada em tudo o que acontece.

DISFUNÇÕES E LIMITES DA ADHOCRACIA

Toffler afirmou, já na década de 1970, a partir dos estudos de Warren Bennis, que a adhocracia seria "a organização do futuro" e que o homem encontraria dificuldades para se adaptar a esse novo estilo, que surgia como uma estrutura oposta à burocracia. A organização de projetos, com grupos em constituição temporária para a realização de um objetivo específico, poderia ter implicações como a perda de referências de lealdade e a dificuldade de adaptação às constantes transformações organizacionais (Toffler, 1972). Muitas pessoas, para produzir, precisam de alguma ordem ou orientação; as ambiguidades, as confusões e a excessiva fluidez podem também ser impeditivas aos relacionamentos e construções coletivas de mais longo prazo. O conflito e a agressividade são outros elementos presentes em alto grau nas adhocracias (Mintzberg, 2003).

Bennis e Slater (1969) afirmam que, como consequências dos sistemas temporários, temos o processo natural de individualização e também a alienação e a perda de sentido do trabalho, muitas vezes em função do excesso de especialização e do papel individual no grupo.

Assim, como podemos ver, a adhocracia também tem os seus limites de aplicação prática. Certamente não é o tipo mais adequado para fazer ou tratar de coisas corriqueiras — como produção em massa, que exige padronização —, pois é voltada para o "extraordinário". Mintzberg (2003) alerta que tentar uma adhocracia como configuração de uma empresa maior, com mais idade e em um ambiente estável, pode ser tão artificial quanto uma burocracia em ambientes dinâmicos e complexos. Outro ponto a observar é que como em uma adhocracia todos participam da ação, isso pode acarretar altos custos na tomada de decisão. Nesse tipo de organização, é comum termos especialistas constantemente validando e revalidando cada etapa do que será executado pelo grupo, em uma abordagem mais caótica.

Enfim, não existe um tipo perfeito e único de organização. Tudo sempre dependerá da sua fase de vida, do seu ambiente e dos seus objetivos, além dos valores que se têm por premissa. Cada organização, ou cada "pessoa", é única e terá tanto qualidades como defeitos.

OS OPOSTOS SÃO COMPLEMENTARES

Muitos são os estudos que apontam o surgimento de organizações pós-burocráticas a partir dos limites identificados no modelo burocrático.

As mudanças nos padrões educacionais, sociais e políticos — com a ascensão dos regimes mais democráticos — levaram à expectativa de maior participação dos cidadãos na vida organizacional e na sociedade (Cunha, 2011); à globalização e seu reflexo na comunicação mundial e na competitividade; e, portanto, à necessidade de adaptações e mudanças contínuas: esses três fatores certamente expõem os limites de uma estrutura focada em regras e estruturas mais rígidas. Surgem então novos formatos organizacionais, com a ampliação da flexibilidade e o foco na tecnologia e nas redes de colaboração: a adhocracia, a tecnocracia, o mercado interno, o clã, a hierarquia, a organização virtual, a organização em rede, a organização oca, a rede mínima, a organização pós-moderna, a organização modular, entre outras (Cunha, 2011).

A adhocracia, em especial, é apontada como o extremo oposto da burocracia. Mas será que esses dois tipos de organização são excludentes? Certamente apresentam aspectos que são opostos.

Mas seriam incompatíveis? A prática mostra que não. Seriam então complementares?

A adhocracia administrativa, apontada por Mintzberg e exposta anteriormente, é um exemplo de que estruturas mais flexíveis podem ser criadas para servir como ponte para a inovação em organizações com um formato mais burocrático, geralmente mais velhas e de grande porte. Nesse sentido, Toffler também afirma que

> as organizações que se agrupam e se dissolvem, os agrupamentos ou comitês *ad hoc* — reunidos para uma finalidade específica tão-somente — não substituem necessariamente as estruturas funcionais permanentes [...] enquanto as divisões funcionais continuam a existir, grupos de trabalhos cada vez mais numerosos, assim como as forças-tarefa e organizações similares em estrutura surgem e irrompem no seu meio e, depois, desaparecem. (Toffler, 1972, p. 110)

Ou seja, nesse caso são complementares.

Há também uma tendência natural a entendermos que as regras e hierarquias são coisas do passado, mas a maioria das organizações modernas — em especial as maiores — ainda opera com elas, incorporando modelos que permitem a colaboração, a inovação e o atendimento às demandas atuais e crescentes de adaptação interna e externa.

Assim, ao falar em organizações e tipologias, devemos estar atentos para os muitos aspectos híbridos. Certamente a tentação é criar um estereótipo de uma determinada organização em função de alguns de seus aspectos, não é? Mas não podemos nos esquecer de que as organizações mudam ao longo da vida, e que partir de uma imagem estática seria simplificar a questão e tomar o todo pelas partes.

Devemos nos lembrar, também, de que todos os modelos têm limites, pois são simplificações da realidade. Não existem fórmulas mágicas ou modelos organizacionais perfeitos para todas as estruturas, as configurações e também para os aspectos menos tangíveis. Para desvendar a vida organizacional é fundamental uma análise aprofundada, pois existem aspectos visíveis e intangíveis — como a cultura e os valores — que sempre variam de organização para organização, pois cada uma delas é única, e que também variam ao longo do tempo, considerando-se a dinâmica da vida organizacional.

No capítulo seguinte voltaremos a falar sobre burocracias e adhocracias, mas como tipos de organizações definidos por Mintzberg, Ahlstrand e Lampel, a partir da análise da estrutura e das configurações organizacionais.

BIBLIOGRAFIA

BENNIS, Warren G. & SLATER, Philip E. *The Temporary Society*. Nova York: Harper & Row, 1969.

BLAU, Peter M. "A dinâmica da burocracia". Em ETZIONI, Amitai. *Organizações complexas: um estudo das organizações em face dos problemas sociais*. São Paulo: Atlas, 1973.

_____. *Princípios da administração: o essencial em teoria geral da administração*. Rio de Janeiro: Elsevier, 2006.

CROZIER, Michel. *O fenômeno burocrático*. Brasília: Editora da Universidade de Brasília, 1981.

CUNHA, M. P. "The Times They Are a-Changin': a sociedade organizacional à entrada do século XXI". Em ANTONELLO, Cláudia Simone; GODOY, Arilda Schmidt *et al*. *Aprendizagem organizacional no Brasil*. Porto Alegre: Bookman, 2011.

DE MASI, Domenico. *A sociedade pós-industrial*. 3ª ed. São Paulo: Senac São Paulo, 2000.

GOULDNER, Alvin W. *Patterns of Industrial Bureaucracy*. Nova York: The Free Press, 1964.

HATCH, Mary Jo. *Organization Theory: Modern, Symbolic and Postmodern Perspectives*. Nova York: Oxford University Press, 1997.

KATZ, Daniel & KAHN, Robert L. *Psicologia social das organizações*. São Paulo: Atlas, 1967.

MERTON, Robert King. "Estrutura burocrática e personalidade". Em CAMPOS, Edmundo (org.). *Sociologia da burocracia*. Rio de Janeiro: Zahar, 1966.

MINTZBERG, Henry. *Criando organizações eficazes: estruturas em cinco configurações*. São Paulo: Atlas, 2003.

_____; AHLSTRAND, Bruce & LAMPEL, Joseph. *Safári de estratégia: um roteiro pela selva do planejamento estratégico*. Porto Alegre: Bookman, 2000.

_____ & QUINN, James Brian. *The Strategy Process: Concepts, Contexts, and Cases*. 3rd ed. Upper Saddle River: Prentice Hall, 1996.

MOTTA, Fernando C. Prestes. *O que é burocracia*. São Paulo: Brasiliense, 1981.

PUGH, D. S; HICKSON, D. J. & HININGS, C. R. "An Empirical Taxonomy of Structures of Work Organizations". *Administrative Science Quarterly*, 14 (1), mar. 1969.

SELZNICK, Philip. "Cooptação: um mecanismo para a estabilidade organizacional". Em CAMPOS, Edmundo (org.). *Sociologia da burocracia*. Rio de Janeiro: Zahar, 1966.

TOFFLER, Alvin. *O choque do futuro*. 2ª ed. Rio de Janeiro: Artenova, 1972.

WATERMAN JR., Robert H. *Adhocracia — O poder para mudar: a inovação no dia a dia da empresa*. São Paulo: Pioneira, 1990.

WEBER, Max. "Os fundamentos da organização burocrática: uma construção do tipo ideal". Em CAMPOS, Edmundo (org.). *Sociologia da burocracia*. Rio de Janeiro: Zahar, 1966.

4

O CORPO

AS ESTRUTURAS BIOLÓGICAS TÊM UMA LIMITAÇÃO DE AMPLITUDE QUE FALTA À ESTRUTURA SOCIAL. AS ESTRUTURAS BIOLÓGICAS ESTÃO ANCORADAS EM CONSTÂNCIAS FÍSICAS E FISIOLÓGICAS, AO PASSO QUE ISSO NÃO ACONTECE COM AS ESTRUTURAS SOCIAIS.
A PELE DO CORPO, AS PAREDES DA CÉLULA E ATÉ MESMO AS FRONTEIRAS MENOS VISÍVEIS DO CAMPO MAGNÉTICO REPRESENTAM UMA ESPÉCIE DE LOCALIZAÇÃO E DEFINIÇÃO ESTRUTURAIS PARA AS QUAIS NÃO EXISTE UM ANÁLOGO SOCIAL PRÓXIMO. [...]
NÃO EXISTE ANATOMIA EM UM SISTEMA SOCIAL. QUANDO O ORGANISMO BIOLÓGICO CESSA DE FUNCIONAR, O CORPO FÍSICO AINDA ESTÁ PRESENTE E SUA ANATOMIA PODE SER ANALISADA EM UM EXAME *POST-MORTEM*. QUANDO UM SISTEMA SOCIAL CESSA DE FUNCIONAR, JÁ NÃO EXISTE UMA ESTRUTURA IDENTIFICÁVEL. PARA NÓS É DIFÍCIL VISUALIZAR SISTEMAS SOCIAIS COMO ESTRUTURAS DE EVENTOS, DEVIDO À NOSSA NECESSIDADE DE MANEIRAS MAIS CONCRETAS E SIMPLES DE CONCEBER O MUNDO. POR ISSO IDENTIFICAMOS OS PRÉDIOS, O EQUIPAMENTO TECNOLÓGICO E AS PESSOAS QUE NELES SE ENCONTRAM COMO A ESTRUTURA DA ORGANIZAÇÃO.

DANIEL KATZ E ROBERT L. KAHN, *PSICOLOGIA SOCIAL DAS ORGANIZAÇÕES*

A ESTRATÉGIA MODELANDO O CORPO

Quando pensamos no corpo humano, nossa experiência e nossa memória podem trazer o passado, momentos da infância, gostos que temos ou tivemos, e não somente aquilo que é físico, mas sentimentos, emoções e muito do que vivenciamos desde o nascimento. Podemos partir da imagem de algo concreto — como os órgãos, os sentidos, o que pode ser visto, tocado e analisado — para uma abstração mais complexa. Ao traçar um paralelo para compreender o corpo da organização pela compreensão do corpo humano, nos deparamos com impressões muito semelhantes. Pensamos em edifícios, salas de reunião, mobília, decoração e todo o aparato tecnológico que compõe a estrutura física da empresa; ao mesmo tempo, pensamos nas pessoas que trabalham lá e suas histórias de vida, processos de trabalho, reuniões, interação constante e o que move ou norteia a organização: sua cultura, seus valores mais profundos.

O paralelo que traçamos pela metáfora da organização como pessoa tem então esse desafio, de partir de algo concreto e individual para chegar a uma abstração complexa, um conjunto de elementos que chamaremos de corpo organizacional e, na sequência, seu corpo mais sutil, ou alma da organização.

Entendemos que as perguntas são um bom recurso e que nada melhor do que começar pelo princípio da vida: como nasce o corpo humano? Isso sim é mais conhecido. Talvez ainda levemos séculos ou milênios para entender todas as condições, os enigmas e os detalhes que os sentidos não alcançam, mas são revelados com a evolução de tecnologias e dos conhecimentos em várias áreas, principalmente na médica. Mas em linhas gerais sabemos que o nascimento humano é um processo biológico: a união de um espermatozoide com um óvulo dentro do corpo feminino

— a concepção — inicia uma transformação incrível que culminará com o nascimento de um novo ser humano, um novo corpo.

A segunda pergunta tem relação com a metáfora: como nasce então o corpo da organização? Bem, essa pergunta é menos óbvia do que a primeira, e leva a uma terceira: mas o que seria o corpo da organização? Poderíamos discutir exaustivamente teorias e conceitos, e certamente não chegaríamos a um entendimento comum sobre o que é o corpo da organização, pois o "ser" organização é menos decifrável do que o ser humano. E como estamos fazendo recortes para traçar paralelos com algo de natureza bem diferente (o corpo humano), qualquer escolha ou análise pressupõe uma simplificação. Mas, de modo geral, temos o seguinte entendimento:

O **corpo da organização** é o conjunto dos elementos mais físicos e visíveis — pessoas, estrutura, tarefas e tecnologia — que é responsável por sua composição e funcionamento.

Voltando ao nascimento: para uma organização existir, pessoas devem estar trabalhando juntas em torno de uma ideia, de um objetivo comum. Então a concepção da organização seria a ideia de uma pessoa ou um grupo? Entendo que sim. A ideia seria o princípio de tudo, e a partir dela é que a construção da organização se inicia.

De modo diferente do que ocorre com o corpo humano — no qual o grau de interferência direta na sua "construção" durante a gestação é quase nulo —, na organização o corpo é construído pelas pessoas. É claro que a alimentação da gestante e suas atividades nos nove meses interferem diretamente na vida do bebê, mas a interferência à qual me refiro é a inteligência de criação desse pequeno corpo e, nesse sentido, considero que os pais são apenas espectadores desse milagre chamado vida humana. No caso da organização é diferente, pois pessoas são essa "inteligência" que cria e transforma o corpo da organização: somo "cocriadores" do corpo organizacional.

As pessoas têm participação direta nos vários e diversos aspectos da vida organizacional. Enfim, o sucesso de uma organização, desde a sua concepção, depende delas, que são o seu elemento central. Podemos, assim, afirmar que as pessoas seriam as células desse "corpo da organização".

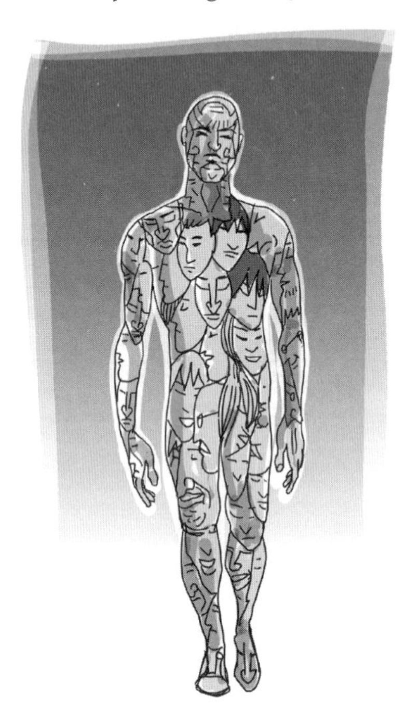

A esse respeito, o que mais encontramos na literatura são os aspectos da administração de recursos humanos (RH), ou gestão de pessoas. Aqui, no entanto, como estamos tratando diretamente do que é essa tal de organização, tangenciando vários elementos da administração, quero destacar que as pessoas são a própria organização — que é uma construção social e abstrata a partir de um interesse, um objetivo comum. Sem elas, não teríamos o próprio objetivo, a distribuição do trabalho, as funções e os cargos, as estruturas, a tecnologia, a cultura, os valores; enfim, a organização simplesmente não existiria. Pode parecer um pouco óbvio, mas nunca é demais explicitar esse ponto, pois o "ser" organização é tantas vezes estudado exaustivamente em aspectos do seu funcionamento (como estratégia, marketing, vendas, operações e finanças) que o entendimento de que tudo é criado, mantido e renovado pelas pessoas da organização (que têm corpo, sentimentos, emoções, razão, etc.) fica um tanto quanto ofuscado, implícito.

Com a evolução dos estudos sobre organizações ao longo do tempo — desde a visão do ser humano como uma peça no maquinário organizacional até o entendimento mais contingencial, que traz a complexidade das relações humanas, a tecnologia e o ambiente para a pauta — fica cada vez mais claro o protagonismo do ser humano nas organizações. Não é à toa que o professor de administração e escritor Peter Drucker (1909-2005), ao tratar da administração de empresas (2008a), afirmou que, de todas as decisões de um executivo, as mais importantes são as relacionadas às pessoas, porque determinam o resultado da organização. E isso pode ser constatado desde a criação de uma organização.

Após o entendimento de que as pessoas constituem o corpo da organização, surgem várias outras perguntas: como as pessoas criam esse corpo? Existem critérios?

O corpo físico da organização é modelado a partir de uma estratégia, que (como veremos adiante) pode ser entendida como um plano com metas ou como um conjunto de decisões, de longo prazo, para que sejam atingidos os objetivos da organização. E a estratégia é criada como consequência natural de um objetivo, da ideia inicial.

Podemos entender o objetivo da organização como "uma situação desejada que a organização tenta atingir" e ao mesmo tempo "uma fonte de legitimidade que justifica as atividades da organização" e até sua existência (Etzioni, 1967, pp. 13-14). Denison *et al.*, nesse sentido, alertam que:

> uma estratégia de negócios bem-sucedida sempre envolve a mobilização das pessoas em busca de um objetivo organizacional.

> As organizações devem construir uma forte conexão entre o posicionamento da empresa e seus produtos de mercado, entre os sistemas e as estruturas exigidos para coordenar os recursos necessários, bem como a mentalidade de quem vai cumprir a promessa. Sem muito cuidado para alinhar as pessoas, a estratégia é apenas um plano. (Denison *et al.*, 2012, p. 50)

Em uma **estratégia** temos as metas e as formas de alcançá-las; e é ela que deve orientar as escolhas e decisões que serão tomadas no dia a dia da organização.

Mintzberg, Ahlstrand e Lampel, no livro *Safári de estratégia* (2000), elencam dez principais escolas de estratégia e associam um animal, como metáfora, para cada uma delas:

AS DEZ ESCOLAS DA ESTRATÉGIA			
ESCOLA	ANIMAL	FOCO	VISÃO DA ORGANIZAÇÃO
Design	Aranha	Adequar	Ordenada, fonte de forças e fraquezas
Planejamento	Esquilo	Formalizar	Estruturada
Posicionamento	Búfalo	Analisar	Fonte de vantagens competitivas
Empreendedora	Lobo	Pressentir	Maleável
Cognitiva	Coruja	Enquadrar	Incidental
Aprendizado	Macaco	Aprender	Flexível
Poder	Leão	Agarrar	Agressiva
Cultural	Pavão	Aglutinar	Coesa
Ambiental	Avestruz	Lutar	Simples
Configuração	Camaleão	Integrar, transformar	As visões mudam

Fonte: adaptado de Mintzberg, Ahlstrand e Lampel (2000).

Os animais (que não têm relação com a metáfora da organização como pessoa) ilustram como, dependendo da escolha estratégica, o foco muda e, consequentemente, também muda o corpo da organização. Na natureza, cada corpo vivo está mais adequado às condições de ambiente, de sobrevivência e das funções que desempenha. Um peixe tem uma configuração completamente diferente da de um felino, pois está adequado ao ambiente em que vive, à água, e só sobrevive nela. O corpo humano também se ajusta ao ambiente e às condições que lhe são impostas. Assim, uma pessoa que cresceu no polo Norte sente muito menos o frio daquele local do que um brasileiro que esteja de passagem por lá, pois seu organismo está mais adaptado àquelas condições.

O mesmo acontece com a organização: a estrutura e o corpo organizacional devem estar constituídos para atender ao ambiente, aos objetivos que se pretende atingir. Nesse sentido, podemos afirmar que a estratégia é quem modela o corpo da organização.

AS "PARTES" DO CORPO

Cada contexto organizacional é único e a visão que se tem da estratégia, bem como a sua formulação, e da relação com o ambiente tem impacto direto nas partes da organização. Em função disso é que as pessoas são reunidas e o trabalho é dividido — por meio de tarefas, funções, estrutura e com a utilização de tecnologias.

Já destacamos o papel central das **pessoas** na seção anterior, entendendo-as como células, sem as quais nada seria constituído, e como cocriadoras da própria organização — incluindo seu corpo.

Quando mencionamos a estrutura da organização neste livro estamos nos referindo prioritariamente à **estrutura social**. A distribuição das pessoas e do trabalho, assim como suas posições, hierarquias e mecanismos de coordenação, pressupõe uma estrutura social. Por outro lado, os prédios, com suas localizações geográficas, *layouts*, designs, decoração, mobiliário e equipamentos, fazem parte da estrutura física da organização (Hatch, 1997).

Hall compara a estrutura social de uma organização com a estrutura física dos prédios:

> a ideia de estrutura é basicamente simples. Edifícios têm estruturas, na forma de vigas, paredes internas, corredores, tetos e assim por diante. A estrutura de um edifício é a principal determinante dos movimentos e atividades das pessoas dentro dele. (Hall, 1977, pp. 101-129)

Assim, cada tipo de edifício tem uma estrutura diferente, em função de seu objetivo. Apesar da comparação entre estruturas sociais e estruturas físicas de edifícios não ser perfeita (pois as primeiras são criadas não por arquitetos, e sim pelas pessoas da própria organização), os fatores que afetam ou determinam a estrutura em ambos os casos são os mesmos: o tamanho, que é o número de membros da organização; a tecnologia; o ambiente e as escolhas, ou decisões, estratégicas.

Na metáfora da organização como pessoa, a estrutura corresponde quase que diretamente ao corpo físico, que possui órgãos com funções específicas para garantir o funcionamento do todo e da própria vida. O tamanho, a tecnologia existente no corpo, o ambiente e as decisões do indivíduo são fatores que afetam e determinam a estrutura do corpo físico. A grande diferença aqui certamente é que o corpo, como já mencionamos, é uma criação humana e o resultado da união de pessoas em um sistema de interação.

Podemos afirmar então que o corpo da organização, sua estrutura social, é uma abstração. E a estrutura da organização, assim como o corpo humano, deve refletir a situação atual, variando em função de: idade, tamanho, tipo de sistema de produção e tipo de ambiente no qual está inserida (Mintzberg & Quinn, 1996).

A estrutura determina ainda onde o poder e a autoridade formais estão localizados, e é configurada em uma hierarquia que permite o gerenciamento e a tomada de decisões. Ela exerce forte influência em vários aspectos da vida organizacional, tanto nos elementos mais objetivos, como a distribuição de tarefas e a definição de cargos e funções para o alcance dos objetivos, quanto nos elementos mais sutis, como *status*, poder e relações informais entre as pessoas e os grupos.

Nesse sentido, Hogg e Terry (2000) afirmam que as organizações são grupos estruturados internamente e que apresentam relações complexas de redes intergrupais caracterizadas por diferenciais de poder, *status* e prestígio. Assim, em certo grau, a própria identidade das pessoas e seu "sentido de ser" derivam parcialmente das organizações ou dos grupos de trabalho a que pertencem.

Segundo Drucker (2008b, p. 565), é importante ter em mente que "a melhor estrutura não garante resultados e desempenho, mas a estrutura errada é garantia de não desempenho".

A partir dos elementos mais objetivos, a estrutura organizacional é entendida por Mintzberg (2003, p. 12) como "a soma total das maneiras pelas quais o trabalho é dividido em tarefas distintas e, depois, como a coordenação é realizada entre essas tarefas". Ele aprofunda seus estudos sobre configurações organizacionais como sendo o resultado da interação entre os elementos do design organizacional, os mecanismos de coordenação e os fatores situacionais.

Para que a estrutura seja concebida, é fundamental sabermos quais atividades ou tarefas deverão ser realizadas. Somente a partir do dimensionamento da carga, é que a estrutura será bem elaborada e fará sentido. Sobre essa preocupação, Peter Drucker afirma que

> o primeiro passo não é projetar a estrutura da organização; esse é o último passo. O primeiro passo é localizar e organizar os blocos de montagem da organização, isto é, as atividades que a estrutura final deverá conter e que sustentam a "carga estrutural" da organização final. (Drucker, 2002, p. 560)

Assim, quando se tem clareza das **tarefas** que são necessárias para atingir as metas e estratégias traçadas, fica possível estabelecer uma estrutura organizacional — com áreas, funções e cargos definidos — e também os recursos materiais ou tecnológicos para a realização dessas atividades.

Ao considerar uma tarefa ou atividade da organização, se partirmos da visão de planejamento citada, teremos uma relação quase que direta com o **planejamento operacional**. Após a definição das grandes metas — planejamentos estratégico e tático —, o planejamento operacional (Oliveira, 2001) é estabelecido. Nesse nível de planejamento são criados os planos de ação, ou planos operacionais, que podem detalhar os **projetos**, que são atividades com início e fim bem definidos, e os **processos**, que são contínuos. O processo é um conjunto de tarefas (Tachizawa & Scaico, 2006) e pode ser entendido no planejamento como se fosse um sistema, com entrada, processamento e saída (Oliveira, 2001). Uma **tarefa** aqui pode então ser entendida como a unidade mais elementar de atividade na organização, como mostra o esquema "Componentes do planejamento operacional":

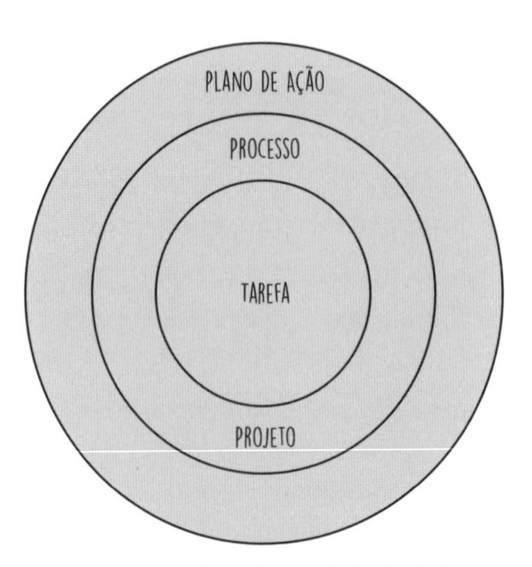

COMPONENTES DO PLANEJAMENTO OPERACIONAL

Ao considerarmos a **tecnologia** como "parte da organização", estamos nos referindo a muito mais do que o maquinário ou os equipamentos usados na produção de bens ou serviços. A tecnologia é entendida como os processos, as metodologias e os conhecimentos utilizados e criados pela organização. É bem difícil separar a tecnologia da organização, assim como é difícil separar a "tecnologia" existente no próprio corpo humano. Há processos que acontecem tão automaticamente que nos deixam em dúvida se a organização tem tecnologia ou é a própria tecnologia.

Sobre essa dificuldade de entender a tecnologia como uma instância autônoma, mas tomando o aspecto mais amplo da relação entre tecnologia e sociedade, Castells afirma que:

> É claro que a tecnologia não determina a sociedade. Nem a sociedade escreve o curso da transformação tecnológica, uma vez que muitos fatores, inclusive criatividade e iniciativa empreendedora, intervêm no processo de descoberta científica, inovação tecnológica e aplicações sociais, de forma que o resultado final depende de um complexo padrão interativo. Na verdade o dilema do determinismo tecnológico é, provavelmente, um problema infundado, dado que a tecnologia é a sociedade, e a sociedade não pode ser entendida ou representada sem suas ferramentas tecnológicas. (Castells, 1999, p. 43)

No entanto, independentemente desse dilema em relação à tecnologia (se é parte da organização ou a própria organização), concordo com a afirmação de Tachizawa e Scaico (2006) de que a tecnologia — os sistemas, a tecnologia da informação e os processos — só faz sentido se contribuir para a implementação da estratégia da organização. Vemos, na área de tecnologia nas organizações, numerosos modismos. Assim como uma pessoa pode desejar um "carrão do ano", a organização pode utilizar a tecnologia como símbolo de *status* ou de realização de desejos, e não de necessidades.

Por outro lado, a tecnologia pode representar um traço distintivo e caracterizar a identidade organizacional, pois abarca muitas vezes especificidades de difícil imitação. Pode assim, como se tem notícia constante na atualidade, ser um diferencial competitivo da empresa. Também é inegável a transformação social e de nossa "cultura material" trazida pelo novo paradigma tecnológico, que se deu principalmente a partir do final do século XX, e que se organiza em torno da tecnologia da informação (Castells, 1999).

Podemos associar a tecnologia com a evolução da própria organização. Assim, à medida que a organização evolui, sua tecnologia também evolui, e vice-versa. Esse parâmetro da relação com os objetivos e com a estratégia organizacional é sempre um bom termômetro para evitar excessos e modismos, que poderiam consumir recursos importantes da organização.

Entendemos, portanto, o corpo da organização não só como a sua estrutura física, mas também sua estrutura organizacional, suas tarefas, processos, tecnologias e, principalmente, as pessoas que a integram. A estrutura organizacional e as tarefas têm relação com a divisão de atividades e a função dos órgãos. Assim, o cérebro tem o papel de comandar o "ser organização"; o coração, o de bombear o sangue, que são os recursos, para os demais órgãos; as pernas e os braços facilitam o movimento e a operação da organização; e assim por diante.

As pessoas, como já dissemos, por permearem todos os aspectos da vida organizacional, seriam as células. Já a tecnologia pode ser associada a todos os processos, muitos dos quais não temos a mínima consciência, que ocorrem automaticamente em nosso corpo.

TIPOS DE CORPO

Entendemos, assim como Mintzberg (2003, p. 12), que a estrutura organizacional é "a soma total das maneiras pelas quais o trabalho é dividido em tarefas distintas e, depois, como a coordenação é realizada entre essas tarefas". Partindo dessa premissa e de estudos intensivos sobre a estrutura organizacional, o professor e autor canadense cria uma forma de entender a **configuração organizacional** como sendo o resultado da interação entre os elementos do design organizacional, fatores situacionais e mecanismos de coordenação: o ajuste mútuo, a supervisão direta e as padronizações dos processos de trabalho, dos resultados e das habilidades dos trabalhadores.

Esses mecanismos, associados às partes básicas da organização — assessoria de apoio, cúpula estratégica, tecnoestrutura, linha intermediária e núcleo operacional —, dão origem a vários tipos de organização, como a adhocracia, a empreendedora ou estrutura simples, a máquina ou burocracia mecanizada, a diversificada ou forma "divisionalizada", a organização profissional, a missionária e a política.

Considerando a organização como pessoa, as configurações de Mintzberg facilitam bastante o entendimento de como a estratégia e o foco escolhido para a organização afetam a sua configuração, o seu corpo. Para Mintzberg (2003, p. 175), cada parte da organização está mais diretamente associada a uma das cinco forças que a impulsionam e a um dos tipos de mecanismos de coordenação:

a. a força para centralizar e o mecanismo de supervisão direta estão associados com a cúpula estratégica;
b. a força para fragmentar e a padronização dos resultados aliam-se à linha intermediária;

c. a força para profissionalizar e a padronização das habilidades, ao núcleo operacional;
d. a força para padronizar e a padronização dos processos de trabalho, à tecnoestrutura;
e. a força para colaborar e o mecanismo de ajustamento mútuo estão mais relacionados com a assessoria de apoio.

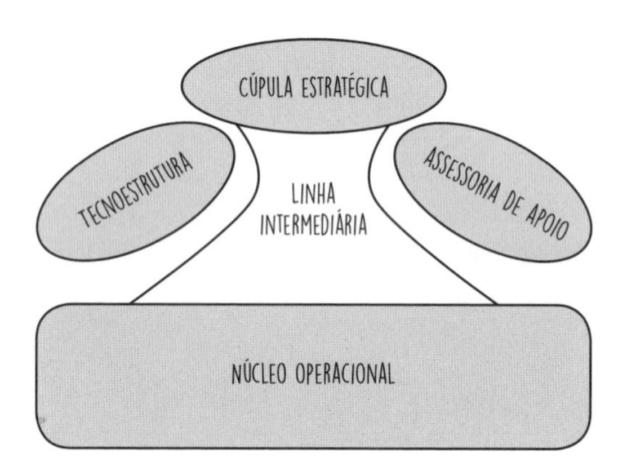

AS CINCO PARTES BÁSICAS DA ORGANIZAÇÃO

Fonte: Mintzberg (2003).

Em linhas gerais, as partes básicas da organização (mostradas no esquema) são definidas por Mintzberg (2003) como:

a. **cúpula estratégica:** detém o poder e é encarregada de assegurar que a organização cumpra a estratégia de modo eficaz. Nela encontram-se o presidente, os superintendentes e os executivos de alto escalão;
b. **linha intermediária:** é composta por gerentes seniores ou supervisores de primeira linha, que têm a responsabilidade pelo nível operacional;
c. **nível operacional:** operadores e profissionais em geral, que garantem a realização do trabalho básico da organização;

d. **tecnoestrutura:** profissionais responsáveis por certas formas de padronização da organização, como planejadores, analistas de sistemas, analistas de pessoal e outros;
e. **assessoria de apoio:** responsável pelo apoio à operação da organização, é composta por unidades especializadas como finanças, seção de folha de pagamento, segurança, central elétrica e de materiais, dentre outras.

O esquema e as descrições das partes básicas dão uma associação quase direta com o corpo humano e com a metáfora da organização como pessoa: podemos associar a cabeça, ou o cérebro, com a cúpula estratégica, pois é quem decide e orienta os demais órgãos; a linha intermediária seria o tronco, pois é composta por pessoas que dão a sustentação da estrutura do corpo, fazendo a integração da cúpula com a operação; o nível operacional corresponde a pernas e pés, que movimentam e realizam grande parte das ações e atividades da organização; a tecnoestrutura e a assessoria de apoio seriam os braços, pois apoiam as atividades, o movimento e a operação da organização.

A partir dos mecanismos de coordenação e das partes básicas das organizações, Mintzberg, Ahlstrand e Lampel (2000, p. 225) definem sete tipos de organização:

1. **Empreendedora, ou estrutura simples:** simples, geralmente nova e pequena, com estrutura informal e flexível, com grande parte da operação efetuada pelo patrão. O principal mecanismo de coordenação deste tipo de organização é a supervisão direta, o que está mais relacionado com a cúpula estratégica e com a centralização tanto vertical quanto horizontal. A ideologia da empresa e a coalizão interna são reflexos das crenças do executivo principal e a relação com o ambiente é passiva. A linha intermediária é insignificante, assim como a assessoria de apoio, e a tecnoestrutura é pequena.

2. **Máquina, ou burocracia mecanizada:** opera como uma máquina, com trabalho especializado e altamente padronizado. O ponto-chave da organização é a tecnoestrutura, considerando que o estímulo dominante é a "força para padronizar". Desse modo, há formalização do comportamento, especialização das tarefas, planejamento das ações, centralização vertical e descentralização limitada. As regras e os regulamentos permeiam toda a estrutura deste tipo de organização, e tanto a comunicação quanto as tomadas de decisões, em todos os níveis, tendem a ser formais. Há uma obsessão por controle das atividades e eliminação de todas as incertezas para que a máquina burocrática funcione suavemente e sem interrupção. Trata-se do tipo de organização, segundo Mintzberg (2003), que mais enfatiza a diferenciação entre as unidades. A autoridade formal infiltra-se de cima para baixo, em uma hierarquia bem definida. Uma organização deste tipo não segue a moda e geralmente é antiga. Nessa configuração, a linha intermediária, a tecnoestrutura e a assessoria de apoio tendem a ser bem elaboradas, a fim de reduzir a incerteza e formalizar o trabalho.
3. **Organização ou burocracia profissional:** domínio do profissionalismo. Organização na qual grande parte do poder encontra-se com profissionais altamente treinados ou especializados, como, por exemplo, médicos ou pesquisadores. Segue a moda e apresenta um sistema técnico não regulado e não sofisticado; seu foco está na padronização das habilidades (profissionalização) do núcleo operacional, ponto-chave desta configuração. Portanto, há ênfase em treinamento, especialização horizontal das tarefas e descentralização vertical e horizontal. O trabalho é realizado de modo autônomo, sendo que os agentes do núcleo operacional atuam, no geral,

diretamente em contato com o cliente final. A burocracia profissional, segundo Mintzberg (2003, p. 215), é baseada na autoridade de natureza profissional, no poder do conhecimento especializado. A tecnoestrutura é pequena e a assessoria de apoio, neste tipo de configuração, é bem elaborada. O foco reside no atendimento das demandas do núcleo operacional. É uma organização democrática, considerando que o poder é disseminado e há autonomia e meritocracia. Seu foco está nos indivíduos, que podem exercer suas profissões com um suporte administrativo e sem controle muito rígido.

4. **Diversificada, ou forma "divisionalizada":** no geral, esta configuração está relacionada com mercados de produtos ou serviços e apresenta-se como um conjunto de unidades relativamente independentes, unidas por uma estrutura administrativa "frouxa" e por uma coordenação com foco na padronização dos resultados. Sua parte-chave é a linha intermediária, sendo que os agrupamentos são baseados no mercado. Geralmente são compostas por divisões que operam como entidades semiautônomas. A administração fica no "escritório central" e o fluxo de poder é de cima para baixo. A idade e o tamanho estão associados a essa forma, pois quando as organizações crescem têm a tendência de se diversificar e "divisionalizar". Este tipo de configuração predomina em ambientes que apresentam diversidade de produtos e serviços.
5. **Adhocracia:** coordenação por "ajuste mútuo", auxiliada muitas vezes por comitês permanentes, forças-tarefas, com estrutura matricial ou realização das atividades por projetos. As partes-chaves da organização são a assessoria de apoio (adhocracia administrativa) e o núcleo operacional (adhocracia operacional). A adhocracia, em especial a operacional, no geral é jovem. A tendência das adhocracias é burocratizarem-se

à medida que envelhecem. Trata-se da "única configuração para os que acreditam em mais democracia com menos burocracia" (Mintzberg, 2003, p. 306). A adhocracia, assim como a burocracia profissional, é tida por Mintzberg como uma meritocracia. Por estar em ambientes complexos e dinâmicos, ela apresenta uma estrutura que favorece a inovação e a colaboração.

6. **Missionária:** organização dominada por uma cultura forte, na qual os membros são encorajados a cooperar. Há, no geral, pouca especialização e muita autonomia; os valores e as crenças são comuns a todos os membros. A confiança é a base dessa configuração e a força da organização é a sua ideologia, compartilhada por todos os membros. A estrutura é, no geral, simples e com um alto grau de participação; os membros têm a tendência de enxergar a organização como uma forma de servir e, talvez, de melhorar a sociedade, e não somente a si mesmos. São exemplos deste tipo de organização as instituições religiosas, os Alcoólicos Anônimos ou um kibutz.
7. **Política ou arena política:** não se baseia em sistemas de poder estáveis ou elementos dominantes. Geralmente, os conflitos tendem a emergir e há, como consequência, a separação das várias partes. É o oposto da configuração missionária, na qual todos os membros compartilham metas comuns. No geral, trata-se de uma configuração intermediária, que surge como o resultado de uma transição ou mudança.

Analisando cada uma das configurações propostas por Mintzberg (1983, 2003), podemos afirmar que apresentam formas distintas de coordenação, de composição de suas partes-chaves, de formalização, de tamanho, de centralização ou descentralização, de fluxos de poder e autoridade, dentre outras. Ou seja, cada configuração dá origem a um tipo de corpo diferente, um tipo de organização diferente.

Henry Mintzberg alerta que a teoria das configurações capta os aspectos mais característicos de cada tipo de estrutura. Geralmente, cada tipo evidencia uma das cinco partes que compõem a organização, o que impulsiona a própria ação, mas pode haver a mescla de algumas características, decorrentes de disfunções ou de momentos de transição de uma configuração para outra.

DOS ELEMENTOS FÍSICOS AOS MAIS SUTIS

Dentre os vários modelos de gestão, um em especial, surgido no início da década de 1980, nos chamou atenção por combinar os elementos mais visíveis, racionais, tangíveis (*hard*) e os mais sutis, flexíveis e intangíveis (*soft*). É um modelo de diagnóstico que visa o desenvolvimento eficiente e eficaz de uma organização holística (Assen, Berg & Pietersma, 2010), e que ilustra a transição para a segunda parte da metáfora da organização como pessoa: a alma.

Pascale e Athos (1982) criaram esse modelo na tentativa de traduzir a essência do que movia as organizações, levando em conta as diferenças sociais e culturais entre a realidade japonesa e a americana. Um dos pontos centrais, então observado pelos autores, é que o processo de padronização e racionalização do trabalho, como decorrência da "era da máquina" advinda da revolução industrial, trouxe como consequência para o Ocidente o entendimento do homem, ou trabalhador, como um componente do processo de produção. Essa visão do trabalho trata a pessoa apenas em seu papel produtivo, excluindo dimensões importantes como a social, a espiritual e a dos valores humanos.

Lembrando que muitas das principais corporações do mundo surgiram no Ocidente, "não surpreende que a gestão moderna, como a conhecemos, é significativamente uma criação ocidental" (Pascale & Athos, 1982, p. 29). Nesse sentido, apesar dos grandes progressos tecnológicos e materiais obtidos até o início dos anos 1980, naquela época as organizações ocidentais ainda operavam como nos anos 1940 — com, por exemplo, "uma relação tensa entre chefia e empregados e com o bem público" (Pascale & Athos, 1982, p. 32).

Por outro lado, a investigação do modelo japonês (feita em profundidade em uma companhia do setor elétrico reconhecida internacionalmente) apontou diferenças de padrões principalmente nos elementos mais sutis — estilo, pessoas e valores compartilhados — do modelo proposto.

O modelo de diagnóstico organizacional de Pascale e Athos (1982) conta com sete elementos e é conhecido como o **7S**: estratégia (*strategy*); estrutura (*structure*); sistemas (*system*); pessoas (*staff*); habilidades (*skills*); estilo (*style*) e valores compartilhados (*shared values, superordinate goals*).

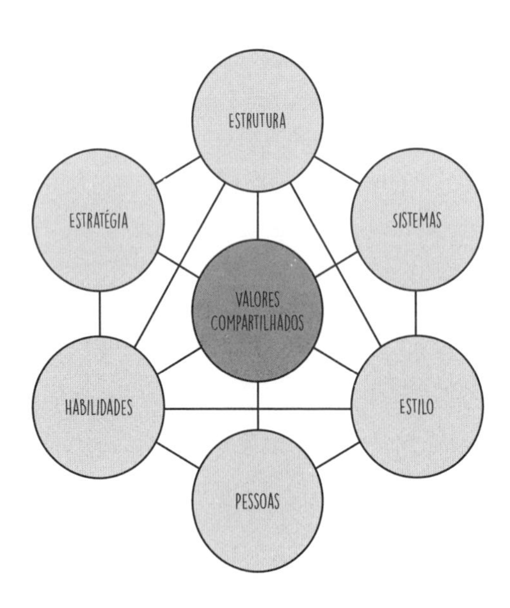

MODELO 7S

Fonte: adaptado de Pascale e Athos (1982).

Dos sete elementos, três são tidos como os mais racionais e explícitos: estratégia, estrutura e sistemas, e os quatro demais são os mais sutis: pessoas, habilidades, estilo e valores compartilhados.

Nas seções anteriores deste capítulo abordamos os elementos mais físicos, relacionados com o corpo da organização, que no modelo 7S correspondem a estratégia, estrutura e sistemas.

Em linhas gerais, os autores entendem a **estratégia** como sendo um plano que guia a organização para o alcance de metas; a **estrutura**, como a caracterização do desenho organizacional; e os **sistemas**, nesse contexto, podem ser entendidos como uma combinação entre o que já foi dito anteriormente em "tarefas" e "tecnologia" — com foco na padronização de processos e de relatórios. Enfim, nada muito diferente do que já abordamos.

Pascale e Athos (1982) entendem os elementos mais tangíveis — estratégia, estrutura e sistemas — como o "triângulo frio" da gestão, que permite uma visão mais racional, quantitativa, lógica e sistemática.

Por outro lado, o entendimento dos elementos mais sutis — pessoas, habilidades, estilo e valores compartilhados — permite um tratamento que considera outros aspectos importantes, como a maior aceitação de ambiguidades, incertezas e imperfeições como padrões aprovados e aceitos nos relacionamentos.

Assim, a questão das **pessoas**, que também já tratamos na seção inicial deste capítulo, é observada na organização japonesa como um ponto central na vida organizacional. O cuidado dispensado às pessoas na empresa, desde a contratação até a aposentadoria (Pascale & Athos, 1982), permite o desenvolvimento de **habilidades**, por meio da colaboração, e é um ponto enfatizado na análise. A valorização da interdependência e do trabalho em grupo é também um aspecto destacado como diferencial da atitude japonesa.

Em um mundo de incertezas, em que as organizações são "orgânicas", a habilidade de lidar com a incerteza e a imperfeição, assumindo e não temendo a dependência entre pessoas e organizações, pode ser uma atitude vital. Nesse contexto, o **estilo** gerencial deve partir do espírito empreendedor, com desejo de aprender sempre e com disposição para agir (*hands-on*).

O estilo, nesse modelo, pode ser entendido como o comportamento simbólico dos líderes e seu relacionamento com os funcionários, que demonstra — por vezes indiretamente — as prioridades da organização.

Por fim, o elemento central do modelo 7S são os **valores compartilhados** (*shared values*), por vezes intercambiados como as **metas primordiais da organização** (*superordinate goals*) e entendidos como os principais significados ou conceitos que a organização aponta a seus membros. São a "cola" da organização, o que mantém a união dos elementos mais físicos com os mais sutis. São as "crenças que ajudam a manter a organização unida e que dão a sua direção [...] que unem os propósitos da organização aos valores humanos" (Pascale & Athos, 1982, p. 302).

Esse é um ponto crucial na análise da vida organizacional, considerando que

> quando a ligação entre os valores humanos e objetivos da organização não é clara, os funcionários frequentemente buscam criar seus próprios significados que reconciliem o que eles fazem no seu trabalho com propósitos maiores. (Pascale & Athos, 1982, p. 302)

Destacamos esse modelo justamente por tratar tanto do corpo físico quanto dos pontos menos tangíveis, os quais entendemos como a essência da organização, a sua "alma", que abordaremos no capítulo seguinte, a partir da analogia com a cultura organizacional, os valores humanos e os valores organizacionais.

BIBLIOGRAFIA

ASSEN, Marcel van; BERG, Gerben Van Den & PIETERSMA, Paul. *Modelos de gestão: os 60 modelos que todo gestor deve conhecer*. São Paulo: Pearson, 2010.

CAMERON, Kim S. & ETTINGTON, Deborah R. "The Conceptual Foundations of Organizational Culture". Em SMART, John C. (ed.). *Higher Education: Handbook of Theory and Research*. Nova York: Agathon Press, 1988.

CASTELLS, Manuel. *A sociedade em rede*. São Paulo: Paz e Terra, 1999.

CAVALCANTI, Francisco Antonio. *Planejamento estratégico participativo: concepção, implementação e controle de estratégias*. São Paulo: Senac São Paulo, 2008.

CHILD, John. *Organização: princípios e prática contemporânea*. São Paulo: Saraiva, 2012.

DENISON, Daniel *et al*. *A força da cultura organizacional nas empresas globais: como conduzir mudanças de impacto e alinhar estratégia e cultura*. Rio de Janeiro: Elsevier, 2012.

DRUCKER, Peter F. *Introdução à administração*. São Paulo: Pioneira Thomson Learning, 2002.

_____. *The Essential Drucker*. Nova York: HarperCollins, 2008a.

_____. *Gestão*. Ed. revista. Rio de Janeiro: Agir, 2008b.

ETZIONI, Amitai. *Organizações modernas*. São Paulo: Biblioteca Pioneira de Ciências Sociais, 1967.

GALBRAITH, Jay; DOWNEY, Diane & KATES, Amy. *Projeto de organizações dinâmicas: um guia prático para líderes de todos os níveis*. Porto Alegre: Bookman, 2011.

GASALLA, José María. *A nova gestão de pessoas: o talento executivo*. São Paulo: Saraiva, 2007.

HALL, Richard H. *Organizations: Structure and Process*. 2nd ed. Englewood Cliffs: Prentice Hall, 1977.

HATCH, Mary Jo. *Organization Theory: Modern, Symbolic and Postmodern Perspectives*. Nova York: Oxford University Press, 1997.

HOGG, Michel A. & TERRY, Deborah J. "Social Identity and Self--Categorization Processes in Organizational Contexts". Em *Academy of Management Review*, 25 (1), 2000.

KATES, Amy & GALBRAITH, Jay R. *Designing Your Organization: Using the Star Model to Solve 5 Critical Design Challenges*. São Francisco: Jossey-Blass, 2007.

KATZ, Daniel & KAHN, Robert L. *Psicologia social das organizações*. São Paulo: Atlas, 1967.

LIN, Xiaodong & KINZER, Charles K. "The Importance of Technology for Making Cultural Values Visible". Em *Theory into Practice*, 42 (3), The Ohio State University, Summer 2003.

MINTZBERG, Henry. *Power In and Around Organizations*. Londres: Prentice Hall, 1983.

_____. "Power and Organization Life Cycles". Em *Academy of Management*, 9 (2), 1984.

_____. *The Rise and Fall of Strategic Planning: Reconceiving Roles for Planning, Plans, Planners*. Nova York: The Free Press, 1994.

_____. *Criando organizações eficazes: estruturas em cinco configurações*. São Paulo: Atlas, 2003.

_____; AHLSTRAND, Bruce & LAMPEL, Joseph. *Safári de estratégia: um roteiro pela selva do planejamento estratégico*. Porto Alegre: Bookman, 2000.

_____ & LAMPEL, Joseph. "Reflecting on Strategy Process". Em *Sloan Management Review*, Cambridge, 40 (3), Spring 1999.

_____ & QUINN, James Brian. *The Strategic Process: Concepts, Contexts, and Cases*. Upper Saddle River: Prentice Hall, 1996.

OLIVEIRA, Djalma de Pinho Rebouças de. *Planejamento estratégico: conceitos, metodologia e práticas*. São Paulo: Atlas, 2001.

PASCALE, Richard T. & ATHOS, Anthony G. *The Art of Japanese Management: Applications for American Executives*. Nova York: Warner, 1982.

PAYNE, Roy L.; PHEYSEY, Diana C. & PUGH, D. S. "Organization Structure, Organizational Climate, and Group Structure: an Exploratory Study of their Relationships in Two British Manufacturing Companies". Em *Occupational Psychology*, 45, 1971.

PORTER, Michael. *Estratégia competitiva: técnicas para a análise de indústria e da concorrência*. Rio de Janeiro: Campus, 1980.

SCOTT, W. Richard. *Organizations: Rational, Natural and Open Systems*. 5th ed. Upper Saddle River: Prentice Hall, 2003.

TACHIZAWA, Takeshy & SCAICO, Oswaldo. *Organização flexível: qualidade na gestão por processos*. 2ª ed. São Paulo: Atlas, 2006.

WEICK, Karl E. *Making Sense of the Organization*. Londres: Blackwell Publishing, 2001.

WHITTINGTON, Richard. *O que é estratégia*. São Paulo: Pioneira Thomson Learning, 2002.

A ALMA

PARA QUE É PRECISO O LEÃO NO ESPÍRITO?
EM QUE NÃO BASTA O ANIMAL DE CARGA, QUE RENUNCIA E É RESPEITOSO? CRIAR NOVOS VALORES DISSO NEM MESMO O LEÃO AINDA É CAPAZ: MAS CRIAR LIBERDADE PARA NOVA CRIAÇÃO, DISSO É CAPAZ A POTÊNCIA DO LEÃO.

FRIEDRICH NIETZSCHE, *OBRAS COMPLETAS*

O QUE SERIA A ALMA DA ORGANIZAÇÃO?

O termo "alma", quando relacionado a pessoas, pode gerar confusão e ambiguidade por remeter à religiosidade e a aspectos não tão diretamente visíveis do ser humano. Ao empregá-lo no contexto organizacional, remetemos a aspectos que não são físicos nem diretamente mensuráveis, mas que dizem muito sobre a organização. E, com certeza, na maioria das vezes esses elementos mais sutis dizem muito mais sobre a organização do que os elementos mais físicos, como, por exemplo, o corpo — assim como ocorre com as pessoas. O que diz mais sobre alguém: sua estatura, cor de pele, idiomas que fala, posses, tecnologias que utiliza, ou o seu entendimento de vida, aquilo que conhece, seus valores e princípios? Entendo que a resposta a essa pergunta se aplica também à organização. Portanto, na metáfora aqui proposta de organização como pessoa:

A **alma** da organização é tudo aquilo que extrapola o que se pode ver diretamente, ou o corpo. Remete ao que é mais sutil e tem relação com a individualidade, com a personalidade da organização.

Nesse sentido, a **cultura** diz muito do que a organização é, de sua identidade e personalidade, e tem uma relação com a sua alma, conforme expusemos no capítulo 2, ao apresentar a metáfora da organização como pessoa. E, assim como a cultura, entendemos os **valores organizacionais** como os elementos mais centrais da alma da organização, pois são eles que norteiam ou orientam a sua vida.

Na sequência apresentaremos um pouco dos entendimentos, das tipologias e dos estudos sobre cultura e valores organizacionais, assim como a relação entre ambos e o paralelo com os elementos mais físicos, tendo o objetivo de ilustrar alguns dos aspectos mais sutis da vida organizacional.

CULTURA ORGANIZACIONAL

O termo "cultura organizacional" destacou-se nos ambientes acadêmicos e empresariais a partir da década de 1980, e tem como assuntos mais tratados as definições, as tipologias, os elementos, o desenvolvimento, a manutenção, as subculturas, as contraculturas, a influência de líderes e fundadores, a relação com a estratégia e a eficiência organizacional, e as pesquisas transculturais.

Apesar de décadas de estudos, ainda há muita confusão com outros conceitos associados. Por exemplo, a cultura organizacional é frequentemente confundida com o **clima organizacional**, que é uma visão momentânea da "temperatura social", enquanto a cultura organizacional está ligada a crenças, premissas compartilhadas e valores, que não mudam tanto quanto o clima. Tem, portanto, mais relação com o que a organização é de fato e, ao mesmo tempo, com aquilo que não podemos ver diretamente e que chamamos aqui de "alma".

A cultura organizacional foi conceituada pelo professor Edgar Schein como "o conhecimento acumulado e compartilhado de um determinado grupo, que engloba os elementos comportamental, emocional e cognitivo de seus membros" (Schein, 1992, p. 68). Os valores declarados, as normas da organização, sua filosofia e seus modelos mentais, os comportamentos, as regras de interação entre as pessoas e seus símbolos — todos certamente têm relação com a cultura ou refletem-na, pois são aspectos compartilhados entre os membros do grupo. Mas eles não são a cultura organizacional.

Os conceitos de cultura organizacional são frequentemente categorizados com base na origem e na tradição antropológica ou sociológica. O que diferencia essas duas tradições é o entendimento da própria cultura como "algo" (antropológica) ou "destinada a algo" (sociológica), ou seja, como sendo uma metáfora da organização ou uma variável. Mas apesar das diferenças entre essas perspectivas de estudo, encontramos nas definições mais conhecidas de cultura a questão do "compartilhar" ou do "como fazemos as coisas por aqui" relacionadas aos significados, entendimentos, crenças, premissas e valores.

Algumas das principais discussões sobre cultura organizacional giram em torno da possibilidade ou não de gerenciá-la e da existência de uma cultura organizacional homogênea ou heterogênea.

A questão do gerenciamento da cultura organizacional em geral varia em função de como a cultura é vista em relação à organização. Mas seja qual for a abordagem, como metáfora ou variável, se entendermos que a organização e a cultura estão intrinsecamente relacionadas, chegaremos à conclusão de que é possível influenciar e promover mudanças e gerenciar alguns aspectos da cultura organizacional. Ou seja, as pessoas podem mudar o entendimento coletivo de como as coisas devem ser feitas e conduzidas na organização. Existe o livre-arbítrio do grupo na construção de novos códigos culturais, assim como acontece com um indivíduo.

Tratando da questão da homogeneidade ou heterogeneidade da cultura, Martin (1992) afirma que ela pode ser entendida sob três perspectivas: integração, diferenciação e fragmentação.

A perspectiva da integração vê a cultura como responsável pelo amplo consenso organizacional e pressupõe que os membros da organização compartilham os mesmos valores e entendimentos, promovendo um sentido de confiança e compromisso. A cultura sob esse ponto de vista é mais sólida, consensual e compartilhada, e orienta a ação dos indivíduos. Nessa visão o homem é tanto o criador da cultura quanto um produto dela.

A perspectiva de diferenciação parte de uma premissa de pouca consistência, na qual o consenso é estabelecido em grupos menores, ou subculturas; e aceita as possibilidades de separação e conflito, incluindo as diferenças e inconsistências como alternativas de análise.

Em outro extremo, a cultura organizacional, abordada sob uma perspectiva pós-moderna e de fragmentação, é vista como um fenômeno ambíguo e complexo nas organizações, repleto de paradoxos e dependente de contextos específicos. Tal abordagem questiona, em linhas gerais, as generalizações dos estudos de cultura organizacional que pressupõem que a ação dos indivíduos é pautada por condicionantes predeterminados. A fragmentação é, portanto, a perspectiva que entende o consenso como transitório e específico, trata das complexidades e ambiguidades nas tentativas de generalizações e na busca de traços culturais comuns. Por um lado, a ambiguidade tende geralmente a ser vista como anormal ou problemática; por outro, os estudos pautados pela visão de fragmentação a entendem como normal e inevitável no mundo contemporâneo.

Certamente não existe a forma "certa" de se entender a cultura organizacional e as três visões podem ser vistas como complementares (como sintetizado no quadro "Complementaridade das três perspectivas de cultura"), pois em algum momento na vida organizacional podem prevalecer aspectos de uma ou de outra perspectiva.

COMPLEMENTARIDADE DAS TRÊS PERSPECTIVAS DE CULTURA			
DIMENSÃO	INTEGRAÇÃO	DIFERENCIAÇÃO	FRAGMENTAÇÃO
Orientação ao consenso	Amplo consenso organizacional	Consenso nas subculturas	Falta de consenso
Relação entre as manifestações	Consistência	Inconsistência	Não claramente consistente ou inconsistente. A interpretação é tida como ambígua
Orientação à ambiguidade	Excluída	Abordada nas subculturas	Aceita

Fonte: adaptado de Martin (2002).

NÍVEIS DA CULTURA ORGANIZACIONAL — SCHEIN

Considerando a cultura como um aspecto importante da alma da organização, destaco a visão de Edgar Schein (1992), que conceitua a cultura como variável e, ao mesmo tempo, incorpora ao seu conceito elementos menos explícitos, como os símbolos e a linguagem corporal, que são tipicamente encontrados nas definições dos autores que tratam a cultura como metáfora. Em sua visão clássica, ele cria uma espécie de mapa da cultura organizacional ao estabelecer três níveis de profundidade: artefatos; crenças e valores expostos; e suposições básicas.

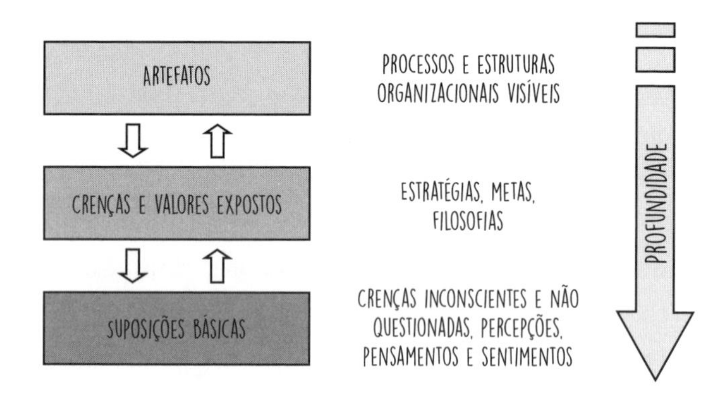

OS NÍVEIS DE CULTURA

Fonte: adaptado de Schein (1992, p. 17).

✓ ARTEFATOS

Estão na superfície e incluem todos os objetos e fenômenos que podem ser observados, ouvidos ou sentidos em um grupo, como a arquitetura física do ambiente (ou *layout*), a linguagem, a tecnologia e os produtos, as criações artísticas, o estilo e a forma de se vestir, os mitos e as histórias sobre a organização, as listas de valores publicadas, os rituais e as cerimônias observáveis, os padrões de comportamento visíveis e audíveis, os jargões e outros. Alguns desses elementos têm relação direta com o corpo da organização, mas a diferença é que dizem algo a mais — e não diretamente explicitado — sobre a organização.

Em um estudo que realizei sobre a cultura organizacional de empresas, pude, em uma das visitas, entender o quanto os artefatos podem ajudar a elucidar a cultura e os valores da organização. Após realizar entrevistas e análises de elementos mais profundos da cultura, constatei que a mesa na entrada do escritório — que exibia os vários troféus obtidos pela empresa — não era uma simples coincidência ou dica de decorador. A organização era totalmente orientada à competição e ao mercado, o que podia ser averiguado em falas, questionários e análises dos resultados; os artefatos, apesar de estarem em um nível mais periférico da cultura, reforçavam essa impressão.

Nessa mesma linha de entendimento e possibilidades, Hatch (1997, p. 248) avalia os *layouts* internos em termos de abertura, privacidade e acessibilidade. Nos espaços abertos, quase não há divisórias ou separações entre as áreas; nos espaços privados, as paredes no geral vão até o teto e há muitas portas; nos espaços acessíveis não há barreiras físicas entre as estações de trabalho. A autora, assim como Cameron (2003), considera que o *layout* afeta a maneira como os grupos comunicam-se e coordenam seus esforços.

Os **rituais** também fazem parte deste nível da cultura, dos artefatos. Martin (2002) distingue vários tipos de rituais: de iniciação, de entrada ou de promoção na organização; de reconhecimento (por meio de recompensas, como viagens ou presentes); de degradação, difamação ou demissão (por exemplo, para aqueles que obtiveram baixa *performance)*; de renovação; de integração (por exemplo, com as famílias dos funcionários); de redução de conflitos (como as reuniões informais com grupos de funcionários); de passagem (ligados à saída ou aposentadoria de funcionários); e ritos compostos, com dois ou mais dos tipos citados.

Trice e Beyer (1993) entendem os rituais de transição como maneiras para facilitar a aceitação da mudança. Os autores definem os rituais como simples combinações de comportamentos repetitivos, que frequentemente acontecem de forma não muito pensada, com duração relativamente curta e por vezes em cerimoniais que conectam vários ritos em uma única ocasião.

Assim como os rituais, os **jargões** também são artefatos, e podem ser técnicos ou emocionais, sendo que estes últimos trazem contextos culturais mais relevantes (Martin, 2002).

A análise dos artefatos pode levar à identificação das principais características e metáforas que refletem os níveis mais profundos da cultura, mas há um sério risco de que as interpretações sejam afetadas por projeções de reações e sentimentos do observador. Assim, para Schein (1992), por exemplo, um local onde as pessoas se vestem de maneira formal pode ser interpretado, dependendo das percepções de quem analisa, de forma antecipada como sendo um ambiente no qual não há inovação, pelo pressuposto de que a formalidade poderia significar burocracia e padronização.

Os artefatos tornam-se gradualmente mais claros com a vivência do observador com o grupo. Portanto, para aprofundar o entendimento, deve-se partir para a análise conjunta dos valores expostos, das normas e regras que regem o dia a dia da organização e o comportamento de seus membros. Ou seja, os artefatos isoladamente podem dizer "como" um grupo cria e modifica um ambiente e "quais" são os padrões mais visíveis de comportamento dos membros, mas geralmente nós não conseguimos entender o "porquê" de tais construções e comportamentos (Schein, 1984, p. 3). No entanto, é inegável a importância da análise dos artefatos no entendimento da cultura organizacional; por exemplo, o espaço e os ambientes físicos, bem como a tecnologia, são artefatos que podem ter impacto significativo nas atitudes e nos comportamentos dos indivíduos, considerando que refletem a cultura e os valores organizacionais e podem até ser empregados como facilitadores da mudança organizacional (Cameron, 2003; Lin & Kinzer, 2003).

✓ CRENÇAS E VALORES EXPOSTOS

São os valores abertos e sujeitos a debates, considerados pelos membros de um grupo como os mais adequados ou certos naquela cultura (Schein, 1992). Podem ser percebidos basicamente pela observação de o que as pessoas utilizam como justificativa para o seu comportamento. Podem representar uma racionalização ou uma idealização da organização em função da cultura vigente, considerando-se que os motivos subjacentes e reais do comportamento são inconscientes.

As crenças e os valores expostos estão em um nível mais consciente e podem esclarecer os comportamentos mais do que os artefatos. Cabe, no entanto, a ressalva de que não necessariamente esses valores são introjetados, ou seja, não necessariamente representam aquilo que a organização realmente é. Nesse sentido, Teixeira (2004) afirma, em seu estudo, que sendo as organizações espaços de contradições, os valores introjetados podem divergir daqueles declarados pela organização. Dependendo dos interesses de cada subgrupo, as percepções dos valores organizacionais podem variar, gerando verdadeiros paradoxos. Portanto, o que os membros e os líderes dizem sobre os modelos ideais de comportamento não necessariamente corresponde ao que eles efetivamente fazem e são.

As crenças e os valores expostos só podem ter *status* de valor, sob o ponto de vista do grupo, se forem congruentes com as suposições básicas.

✓ SUPOSIÇÕES BÁSICAS

São os valores finais, não debatidos e não questionáveis (Schein, 1984, p. 4), que representam o nível mais profundo da cultura organizacional, normalmente inconsciente e tácito, e que determinam a forma como os membros do grupo percebem, sentem e pensam. A exploração das premissas básicas é fundamental para o entendimento da própria cultura organizacional, considerando-se que conjuntos de premissas básicas inter-relacionadas em padrões coerentes formam os paradigmas. Se uma premissa básica é fortemente aceita por um grupo, seus membros julgarão inadmissíveis quaisquer comportamentos baseados em outro princípio. Logo, o poder da cultura pode ser basicamente atribuído ao fato de as premissas serem compartilhadas e mutuamente reforçadas (Schein, 1992, p. 25).

TIPOS E PERFIS – CAMERON E QUINN

Pettigrew (1996, p. 148) defende que a maioria das empresas não possui uma única cultura organizacional, mas sim subculturas, com diferentes conjuntos de crenças, pressupostos e ansiedades próprias sobre o futuro da organização, expressos em termos de linguagem e posicionamento político. Cameron e Quinn (1999, p. 15), nesse sentido, também afirmam que, apesar de cada unidade da organização conter elementos da cultura geral, os departamentos funcionais, os grupos de produtos, os níveis hierárquicos ou até mesmo os times de trabalho tendem a apresentar suas próprias culturas.

Após analisar as possibilidades de leitura da cultura organizacional, seja em uma visão antropológica ou sociológica; como variável ou metafórica; seja sob as visões de integração, diferenciação, fragmentação ou de múltiplas perspectivas; com a possibilidade de consenso na organização como um todo ou em grupos menores ou subculturas; em abordagens qualitativas, quantitativas ou mistas, pode-se afirmar que é impossível entender uma cultura e suas manifestações de forma plena, pois os elementos culturais mais profundos são inconscientes.

Uma das formas de entender alguns aspectos ou dimensões da cultura organizacional é por meio de uma **tipologia de cultura**. Nesse sentido, a cultura organizacional é frequentemente classificada e abordada por meio de tipos culturais (Trice & Beyer, 1993) e sua tipologia pode embasar-se no relativismo; em valores e patologias organizacionais; na *performance* ou eficácia organizacional; em tipos psicológicos e em outros aspectos.

Retomando a metáfora da organização como pessoa, percebo que os tipos e perfis culturais facilitam o entendimento das características mais marcantes da personalidade, da identidade e da alma de uma organização. As imagens que surgem dos agrupamentos e das classificações facilitam a compreensão das peculiaridades da organização, nos seus aspectos mais sutis.

Existem muitos estudos e classificações de culturas em tipos e perfis, e as tipologias de cultura podem ser estabelecidas a partir de diversos parâmetros e variadas abordagens. Os modelos apresentados por Hofstede (1991) e Trompenaars (1994), por exemplo, partem de uma abordagem transcultural, que entende a cultura como uma programação coletiva da mente que atua como elemento intermediário entre a natureza humana e a personalidade do indivíduo na aquisição de novas características. Assim, países e grupos maiores são analisados e estudados a partir de classificações criadas pelos autores. Outros estudiosos partem de uma abordagem psicanalítica da organização, e assim por adiante.

Cameron e Quinn (1999) conceituaram quatro **tipos de cultura**, relacionando-os a suposições básicas, estilos e valores dominantes da organização, além de levarem em conta seis dimensões: características dominantes, liderança organizacional, gerenciamento de pessoas, coesão organizacional, ênfase estratégica e critério de sucesso.

1. **Clã:** cultura que apresenta similaridade com uma empresa familiar, na qual há maior flexibilidade, mas seu foco, assim como o da hierarquia, é interno. Neste tipo de cultura, pressupõe-se que a melhor forma de se obter resultados é com equipes de trabalho. Os clientes são vistos como parceiros, a organização preocupa-se com o desenvolvimento de um ambiente de trabalho humano e a tarefa da liderança é o estímulo à participação, ao comprometimento e à lealdade.
2. **Adhocracia:** tipo de cultura em que há flexibilidade e foco externo, dinamismo, empreendedorismo e criatividade. A liderança é inovadora e visionária; o crescimento e o pioneirismo são valorizados.
3. **Mercado:** há uma orientação para o que é externo, com foco no mercado e na competição, e ênfase nas conquistas e na produtividade. Os conceitos básicos deste tipo de cultura são que o ambiente externo não é benigno, mas hostil, e os consumidores são exigentes e interessados em resultados.
4. **Hierarquia:** tipo de cultura com o foco interno voltado para organização, manutenção e previsibilidade, inclusive em relação a prazos e eficiência. Os procedimentos, as regras, tarefas e funções, no geral, são relativamente estáveis, integrados e coordenados, e a liderança tem o papel de coordenação, monitoramento e organização.

Os tipos são apresentados em quadrantes, resultantes da relação entre as **dimensões bipolares**, nas quais a flexibilidade opõe-se à previsibilidade e o foco interno opõe-se ao externo, conforme apresentado no esquema.

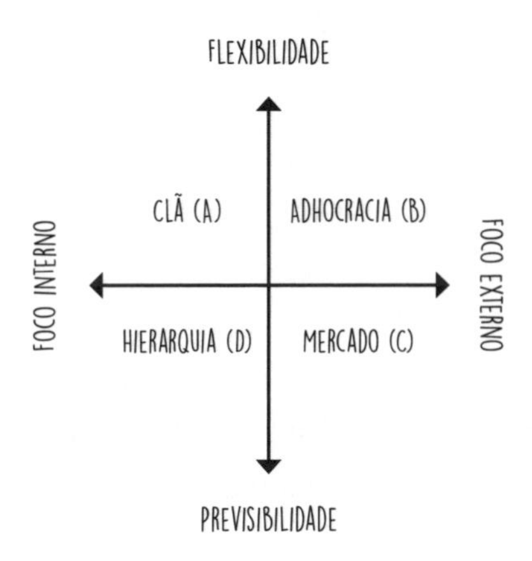

AS DIMENSÕES BIPOLARES E OS TIPOS DE CULTURA

Fonte: Cameron e Quinn (1999).

As dimensões bipolares são:

a. **flexibilidade** *versus* **previsibilidade:** indica se um tipo cultural é mais voltado para conservação, controle e estabilidade, no caso da previsibilidade, ou para a flexibilidade e a inovação;
b. **foco interno** *versus* **externo:** indica se o foco de atuação é mais interno e de integração ou mais externo e de diferenciação.

Cameron e Quinn (1999, p. 55) afirmam que investigar o grau de cada tipo de cultura — clã, adhocracia, mercado ou hierarquia — presente em uma organização significa identificar seus principais atributos em cada uma das dimensões e, portanto, resulta em traçar seu perfil cultural. O perfil cultural de uma organização forma uma combinação de tipos, que podem estar presentes em diferentes graus em qualquer organização real (Ouchi, 1980).

UMA PONTE TEÓRICA ENTRE O CORPO E A ALMA DA ORGANIZAÇÃO

Ao resgatar os estudos sobre a origem dos tipos culturais de Cameron e Quinn (1999), neste capítulo, e as configurações organizacionais de Mintzberg (1983 e 2003), abordadas no capítulo 4, percebe-se a relação entre os conceitos.

O tipo cultural adhocracia, segundo Cameron e Ettington (1988), tem sua origem nos estudos de Mintzberg (1983). O termo "adhocracia", no entanto, surgiu na década de 1970, com Alvin Toffler, e suas características foram detalhadas no capítulo 3. Esse tipo de cultura, relacionado com inovação, pioneirismo, dinamismo e criatividade, apresenta semelhanças com a configuração de mesmo nome, que pressupõe uma estrutura de operação matricial. Coordenada por "ajuste mútuo", tal estrutura geralmente caracteriza empresas com menos tempo de vida, nas quais os processos e as hierarquias ainda não são tão elaborados.

Hofstede (1991, pp. 152-153), em seus estudos transculturais, também estabelece uma relação entre as configurações de Mintzberg (1983) e os tipos de cultura, a partir de uma matriz cujos quadrantes são o resultado da intersecção entre as dimensões "evitar incertezas" e "distância do poder".

A configuração adhocracia surge associada a culturas caracterizadas por baixa relação com a dimensão "evitar incertezas" e baixa distância do poder. Nelas predominam o ajuste mútuo e a negociação *ad hoc*, como nos países de origem anglo-saxã.

Já a estrutura simples, caracterizada pela supervisão direta, corresponde a culturas que enfatizam a intervenção pessoal dos donos e seus parentes nos negócios. Nelas há um alto grau de distância do poder, a exemplo do que ocorre em organizações chinesas.

A burocracia mecanizada, que se caracteriza pela padronização de processos de trabalho, ajusta-se ao conceito de burocracia, visto no capítulo 3 como o "oposto" da adhocracia. Trata-se da configuração, segundo Hofstede (1991, p. 152), que se associa com a alta distância do poder e a dimensão "evitar incertezas".

A configuração burocracia profissional, caracterizada pela padronização de habilidades, aparece muito em países como a Alemanha e a Suíça, nos quais há ênfase na qualificação profissional dos trabalhadores, baixa distância do poder e tendência a evitar as mudanças.

Por fim, há a forma "divisionalizada", caracterizada pela preocupação com os resultados. De acordo com Hofstede (1991, p. 152), trata-se da configuração preferida nos Estados Unidos, onde os resultados são padronizados, mesmo quando há a dificuldade de serem posteriormente avaliados.

Após analisar as descrições de Cameron e Ettington (1988) e as de Hofstede (1991) frente aos tipos culturais de Cameron e Quinn (1999), bem como a similaridade entre a dimensão "evitar incerteza" (Hofstede, 1991) e a regra da "flexibilidade *versus* previsibilidade" (Cameron & Quinn, 1999), inferimos que a cultura e a configuração organizacional apresentam várias relações entre si.

As culturas organizacionais com tipos dominantes associados à flexibilidade (clã e adhocracia) podem apresentar, a exemplo do que já foi constatado no nível cultural, configurações com baixa tendência em "evitar incertezas" (estrutura simples e adhocracia). Dessa forma, o tipo cultural adhocracia tem relação com a configuração de mesmo nome, e tudo leva a crer que o tipo cultural clã apresenta relação com a configuração estrutura simples ou com a burocracia profissional, nas quais a autonomia e a liberdade dos funcionários estão presentes.

Na mesma linha de entendimento, as culturas organizacionais com tipos dominantes associados à previsibilidade (mercado e hierarquia) poderiam ter relações com as configurações que tendem a "evitar incertezas" (burocracia profissional e burocracia mecanizada). Logo, o tipo cultural hierarquia apresentaria relação com a burocracia mecanizada, pelas semelhanças entre ambos; e o tipo mercado, com a burocracia profissional. A configuração forma "divisionalizada", pelas descrições de Hofstede (1991), estaria relacionada com o tipo cultural mercado.

Assim sendo, além do tipo de cultura adhocracia — que, de acordo com Cameron e Ettington (1988), provém dos estudos de Mintzberg e, portanto, da própria configuração de mesmo nome —, os demais (clã, mercado e hierarquia) também apresentariam relações com as configurações organizacionais. Essa possível relação pode ser entendida então como uma ponte teórica entre os elementos mais físicos (o corpo) e os mais sutis (a alma) da organização.

Podemos também afirmar que os tipos e perfis de cultura mantêm relação com os valores organizacionais, considerando-se estes últimos como o nível mais elementar da própria cultura, o que abordaremos na seção seguinte.

VALORES ORGANIZACIONAIS

Antes de explorar o tema valores organizacionais, faremos um breve resgate dos principais conceitos sobre valores humanos.

Na busca de definições sobre valor humano, identificamos uma infinidade de teorias e conceitos; o termo é utilizado muitas vezes como sinônimo de prioridade de valores, sistemas, tipos, julgamentos ou categorias de julgamentos (Rohan, 2000). Rokeach (1973) parte da visão de valores humanos como inerentes às pessoas e os entende como as crenças que se encontram hierarquicamente organizadas, que servem de critério para o comportamento e apresentam aspectos cognitivos, afetivos e comportamentais, além de um forte componente motivacional. O autor entende que os valores humanos podem ser instrumentais, relativos às necessidades da existência humana, ou terminais, relativos aos fins da existência humana. Ele define valor como

> uma crença duradoura de que um modo de conduta específico ou estado final da existência é pessoalmente ou socialmente preferível a um modo de conduta ou estado final da existência oposto ou contrário. (Rokeach, 1973, p. 5, tradução nossa)

Schwartz e Bilsky (1987) acrescentam outros aspectos importantes sobre os valores humanos:

- são conceitos ou crenças;
- tratam de comportamentos ou estados finais desejáveis;
- transcendem situações específicas;
- guiam a seleção ou avaliação de comportamento e eventos;
- são ordenados por importância relativa.

Ao abordar a natureza dos valores humanos, Rokeach (1973, pp. 5-6) menciona a questão da estabilidade, afirmando que, se os valores fossem totalmente estáveis, as mudanças individuais e sociais seriam impossíveis, mas, se fossem totalmente instáveis, a continuidade da personalidade e da própria sociedade seria também impossível. Assim, para o autor, os valores são ao mesmo tempo duradouros e mutáveis.

Quando falamos em escala ou prioridades de valores, estamos falando em sistemas de valores. Cada pessoa tem suas prioridades e seus sistemas de valores, que são julgamentos sobre as melhores possibilidades de vida; esses sistemas a levam a ver o mundo de uma forma particular e interagem com a sua visão de mundo. Robin Williams define sistema de valores como

> um conjunto organizado de padrões preferenciais que são utilizados na seleção de objetos e ações, resolução de conflitos, invocação de sanções sociais, e articulação com necessidades ou clamores às defesas psicológicas e sociais de escolhas feitas ou propostas. (Williams, 1979, p. 29)

Embora as pessoas sejam diferentes em relação à prioridade de seus princípios, segundo Schwartz (1992 e 2006), a estrutura do sistema de valores é universal e pode ser representada por dez tipos motivacionais:

1. **Hedonismo:** a gratificação de necessidades físicas é transformada em valores socialmente reconhecidos. A meta motivacional é o prazer e a gratificação sensual.
2. **Autorrealização:** a meta é o sucesso obtido pela demonstração de competência e que, na prática, conduz ao reconhecimento social.
3. **Poder:** a meta é a dominação, o controle, a procura por posição social e por prestígio.
4. **Autodeterminação:** a meta é a independência de pensamento, ação e opção.
5. **Conformidade:** a meta é o controle dos impulsos e do comportamento para estar em conformidade com as expectativas sociais.
6. **Benevolência:** tem por meta motivacional o interesse e a preocupação com as pessoas.
7. **Segurança:** a meta motivacional é a integridade, tanto pessoal quanto de pessoas e grupos de identificação, assim como a estabilidade da sociedade e de si próprio.

8. **Tradição:** tem por meta a manutenção, o respeito e a aceitação dos ideais e costumes da sociedade.
9. **Estimulação:** a meta é a procura por excitação, novidade e mudança.
10. **Universalismo:** compreensão e aceitação dos outros e preocupação com o bem-estar das pessoas.

A relação estrutural básica entre os valores e os tipos motivacionais, segundo Schwartz (1992), pode ser sintetizada por meio de duas dimensões bipolares: "abertura à mudança *versus* conservação" e "autotranscendência *versus* autopromoção". Esta é uma estrutura universal de valores humanos, que já foi avaliada empiricamente tanto no Brasil quanto no exterior.

Na estrutura bidimensional de valores humanos, a **autodeterminação**, a **estimulação** e o **hedonismo** têm relação com a abertura à mudança; a **segurança**, a **conformidade** e a **tradição** relacionam-se à conservação; o **poder** e a **autorrealização** estão vinculados à autopromoção; e o **universalismo** e a **benevolência** associam-se à autotranscendência (Schwartz, 2006).

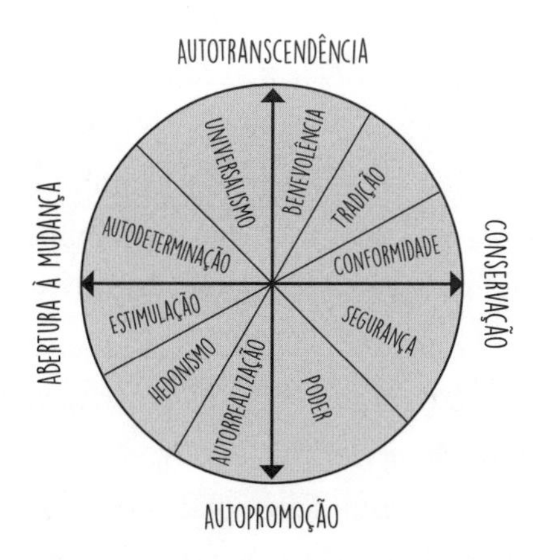

ESTRUTURA BIDIMENSIONAL DE VALORES HUMANOS

Fonte: Schwartz (1992).

Segundo Schwartz (1992, pp. 14-15), os seguintes tipos são compatíveis:

- poder e autorrealização: ambos enfatizam a superioridade e a estima social;
- autorrealização e hedonismo: ambos têm relação com a autoindulgência;
- hedonismo e estimulação: tratam do desejo por prazer;
- estimulação e autodeterminação: envolvem motivação intrínseca por domínio e abertura à mudança;
- autodeterminação e universalismo: tratam de forma natural a diversidade da existência;
- universalismo e benevolência: são concebidos por meio do compromisso coletivo e da transcendência dos interesses egoístas;
- tradição e conformidade: ambos tratam de restrições e de submissão;
- conformidade e segurança: enfatizam a proteção dos outros e a harmonia nas relações;
- segurança e poder: ambos tratam do domínio de incertezas por meio do controle das relações e dos recursos.

Tamayo e Schwartz (1993, p. 133) afirmam que a dimensão "abertura à mudança *versus* conservação" ordena os valores com base na motivação da pessoa a seguir caminhos mais próprios e, portanto, incertos, em oposição à busca pela preservação e conservação. Já a segunda dimensão, "autopromoção *versus* autotranscendência", ordena a propensão do indivíduo à promoção de interesses próprios em oposição a transcender as preocupações mais particulares e atentar mais ao bem-estar coletivo e da natureza.

Partindo dos valores humanos, podemos dizer que existem valores organizacionais? Sim! Esses valores seriam

> aqueles percebidos pelos empregados como característicos da organização, ou seja, princípios ou crenças, organizados hierarquicamente, relativos a tipos de estrutura ou modelos de comportamento desejáveis que orientam a vida da empresa e estão a serviço de interesses individuais, coletivos ou mistos. (Tamayo & Gondim, 1996, p. 63)

Considerando que a organização é integrante do mundo físico e social, e que existe uma necessidade constante do estabelecimento de prioridades, de acordo com uma hierarquia de valores (Tamayo & Gondim, 1996), os sistemas de valores de uma organização tornam-se elementos importantes para o entendimento dos vários aspectos da vida organizacional. Partindo das abordagens de valores humanos de Schwartz, Oliveira e Tamayo (2004) estabelecem uma estrutura composta de oito fatores relativos ao contexto organizacional:

1. **Realização:** sucesso por meio da competência dos empregados. Ou seja, se atingir um desempenho competente é uma exigência, planejar metas é essencial. Este fator tem correspondência com o tipo motivacional da autorrealização.
2. **Conformidade:** respeito a regras, modelos de comportamentos e aceitação das atividades a realizar, ou seja, "cumprir" as obrigações é um requisito prioritário. Este fator tem correspondência com o tipo motivacional chamado de conformidade.
3. **Domínio:** congrega itens relativos a poder, obtenção de *status*, controle de pessoas e recursos, bem como à busca de uma posição dominante no mercado. Este fator tem correspondência com o tipo motivacional chamado de poder.
4. **Bem-estar:** preocupação da organização em propiciar satisfação ao empregado, atentando para a qualidade de vida no trabalho. Este fator tem correspondência com o tipo motivacional chamado de hedonismo.

5. **Tradição:** abarca itens relacionados com a preservação e o respeito às práticas e aos costumes consagrados pela organização. Este fator tem correspondência com o tipo motivacional denominado tradição.
6. **Prestígio organizacional:** engloba itens relacionados a poder, busca de prestígio, admiração e respeito da sociedade em razão da qualidade de produtos e/ou serviços. Este fator tem correspondência com o tipo motivacional chamado poder.
7. **Autonomia:** busca o aperfeiçoamento constante do empregado e da organização, por meio de competência, criatividade e abertura de desafios. Este fator tem correspondência com os tipos motivacionais denominados autodeterminação e estímulo.
8. **Preocupação com a coletividade:** valores que orientam o relacionamento cotidiano com indivíduos próximos e com a comunidade. Este fator tem correspondência com os tipos motivacionais denominados benevolência e universalismo.

Essa estrutura de oito valores organizacionais, que é derivada da estrutura universal de valores humanos, apresenta uma síntese de princípios que orientam as escolhas e a própria vida da organização. Cada organização, assim como cada pessoa, tem sua escala de valores; e cada priorização é diferente em função do momento de vida, das escolhas e da personalidade.

Considerando os tipos motivacionais e as dimensões bipolares de Schwartz (1992), que concernem aos valores pessoais, inferimos a composição de valores organizacionais mostrada no esquema a seguir.

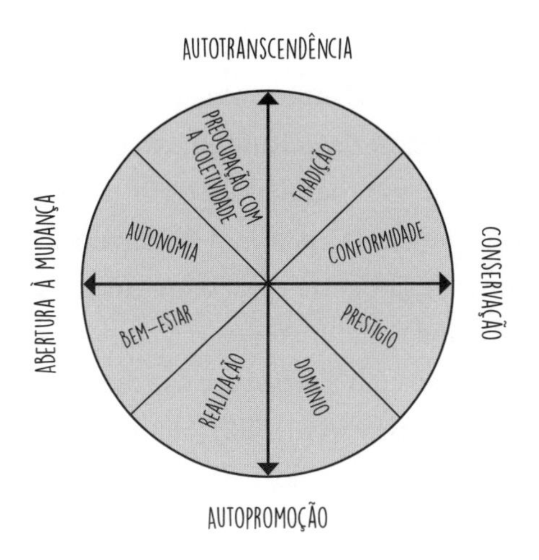

AS DIMENSÕES BIPOLARES E OS VALORES ORGANIZACIONAIS

Fonte: baseado em Oliveira e Tamayo (2004).

O esquema sintetiza os valores que orientam a vida organizacional, categorizando-os de acordo com o foco.

Se partirmos dos níveis da cultura propostos por Schein (já apresentados), notaremos que dois dos três níveis apresentam relação direta com os valores: "crenças e valores expostos" e "suposições básicas". As crenças e os valores expostos são os valores declarados, enquanto as suposições básicas guardam uma ampla relação com o conceito de valores organizacionais aqui explorados — pois são os valores introjetados, que dizem muito sobre o que realmente a organização é. Então, podemos afirmar que a relação entre cultura e valores é intrínseca.

Alguns estudos (Domenico *et al.*, 2005 e 2007; Latorre, 2006) foram realizados com o intuito de averiguar, por exemplo, a relação entre os valores organizacionais de Schwartz (1992), nas dimensões bipolares de valores (Oliveira e Tamayo, 2004), e os tipos de cultura de Cameron e Quinn (1999), apresentados nas seções anteriores.

A estrutura dos perfis de cultura organizacional proposta por Cameron e Quinn (1999), na qual os tipos de cultura clã, adhocracia, mercado e hierarquia aparecem distribuídos em quadrantes originários da intersecção entre duas dimensões bipolares (flexibilidade *versus* previsibilidade; foco externo *versus* foco interno), remete a uma associação com a estrutura das dimensões bipolares de valores, proposta por Schwartz (1992). Uma pesquisa realizada em três empresas do setor de tecnologia (Latorre, 2006), com métodos quantitativos e qualitativos, constatou que, em linhas gerais, cada perfil cultural sugere uma relação prioritária com uma dimensão e com os valores organizacionais dominantes. Em linhas gerais, ao considerar os resultados obtidos da análise das percepções individuais nas empresas de tecnologia e as conexões entre fatores, dimensões e tipos, as relações entre os perfis de cultura organizacional e de valores organizacionais sugerem que:

a. o tipo cultural clã tem relação com as dimensões de autotranscendência e abertura à mudança, e com os valores organizacionais de preocupação com a coletividade, autonomia, bem-estar e realização. Foi o único tipo que apresentou relação com duas dimensões;
b. o tipo cultural adhocracia apresenta relação com a dimensão abertura à mudança e com os valores organizacionais de autonomia, bem-estar e realização;
c. o tipo cultural mercado apresenta relação com a dimensão autopromoção e com os valores domínio e prestígio;
d. o tipo cultural hierarquia apresenta relação com a dimensão conservação, e com os valores tradição, conformidade e domínio.

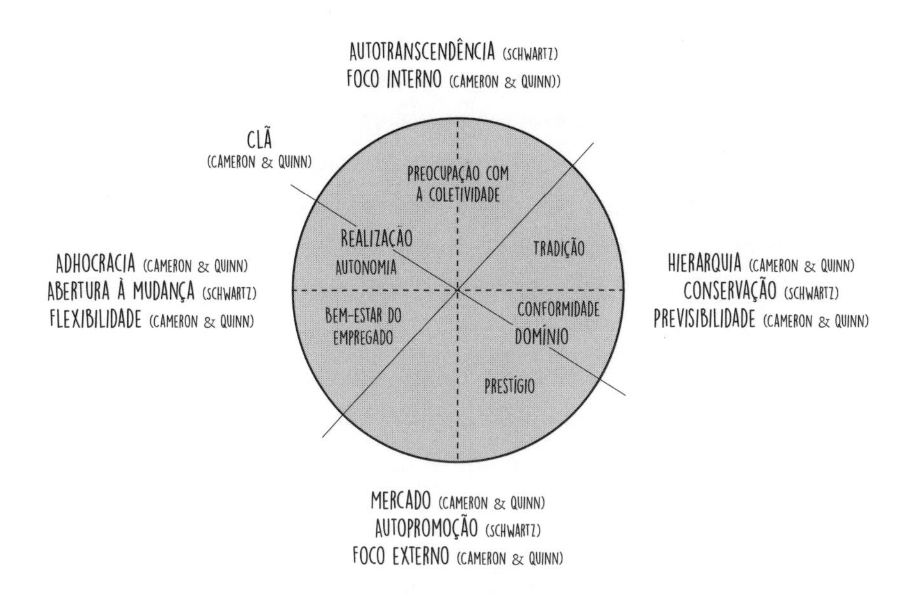

A RELAÇÃO ENTRE OS TIPOS DE CULTURA E VALORES ORGANIZACIONAIS

Fonte: Latorre (2006).

Os demais tipos culturais e valores organizacionais apresentam-se como decorrentes de questões situacionais vivenciadas pela organização, do perfil pessoal ou profissional de seu principal gestor (Latorre, 2006). Nessa pesquisa, os resultados sugerem que cada tipo de cultura se relaciona de forma direta e preponderante com alguns valores organizacionais e de forma oposta a outros; alguns valores não apresentam relações com os tipos. A amostra da pesquisa foi relativamente pequena, por isso são necessários mais estudos para verificar se o mesmo ocorre em outras organizações e constatar se existe um padrão comum a todas as organizações. De todo modo, há indícios de que alguns valores organizacionais caracterizam alguns tipos culturais, independentemente da empresa estudada. No entanto, essa também é uma questão que demanda estudos em empresas de vários outros setores do mercado (Latorre, 2006).

A oposição da adhocracia com a hierarquia, que está mais associada às organizações burocráticas, remete quase diretamente à análise realizada ao longo do capítulo 3. A hierarquia foi o tipo classificado na última posição da maioria das empresas, diferentemente do que foi constatado nos estudos de Santos (1998), Oliveira e Araújo (1999) e Domenico *et al.* (2005), nos quais esse tipo cultural foi dominante. O tipo cultural adhocracia, que é o associado à inovação e autonomia, assim como já havia sido constatado em empresas de outros setores (Domenico, Latorre & Teixeira, 2007), não se caracterizou como o dominante nas empresas de tecnologia.

Retomando a metáfora da organização como pessoa, temos um organismo que interage e efetua trocas com o meio, de forma a adaptar-se e evoluir ao longo do seu ciclo de vida. E concluímos que o estudo da cultura e dos valores que dela fazem parte — assim como da relação destes com as configurações organizacionais e com os próprios estágios que caracterizam a sua evolução — contribui para o entendimento sobre a organização.

BIBLIOGRAFIA

AGLE, Bradley R. & CALDWELL, Craig B. "Understanding Research on Values in Business: a Level of Analysis Framework". Em *Business and Society*, 38 (3), set. 1999.

AKTOUF, Omar. "O simbolismo e a cultura de empresa: dos abusos conceituais às lições empíricas". Em CHANLAT, Jean-François. *O indivíduo na organização: dimensões esquecidas*. São Paulo: Atlas, 1996.

ALCADIPANI, Rafael & CRUBELLATE, João M. "Cultura organizacional: generalizações improváveis e conceituações imprecisas". Em *Revista de Administração de Empresas – RAE*, 43 (2), abr.-jun. 2003, São Paulo.

ALVESSON, Mats. *Understanding Organizational Culture*. Londres: Sage, 2002.

CAMERON, Kim S. "Measuring Organizational Effectiveness in Institutions of Higher Education". Em *Administrative Science Quarterly*, 23, dez. 1978.

_____. "Organizational Transformation Through Architecture and Design". Em *Journal of Management Inquiry*, 12 (1), mar. 2003.

_____ & ETTINGTON, Deborah R. "The Conceptual Foundations of Organizational Culture". Em SMART, John C. (ed.). *Higher Education: Handbook of Theory and Research*, vol. 4. Nova York: Agathon, 1988.

_____ & QUINN, Robert E. *Diagnosing and Changing Organizational Culture*. Nova York: Addison-Wesley, 1999.

CAVEDON, Neusa R. & FACHIN, Roberto C. "Homogeneidade *versus* heterogeneidade cultural: um estudo em universidade pública". Em *Anais do Enanpad 2000*. São Paulo, 2000.

DEAL, Terrence E. & KENNEDY, Allan A. *Corporate Cultures: the Rites and Rituals of Corporate Life*. Nova York: Basic Books, 1982.

DENISON, Daniel *et al. A força da cultura nas empresas globais: como conduzir mudanças de impacto e alinhar estratégia e cultura*. Rio de Janeiro: Elsevier, 2012.

DION, Michel. "Organizational Culture as Matrix of Corporate Ethics". Em *The International Journal of Organizational Analysis*, 4 (4), 1996.

DOMENICO, Silvia M. R. *et al.* "Relação entre perfis de valores e de cultura organizacionais: proposta de modelo". Em *Anais do SIP 2005 – 30º Congresso Interamericano de Psicologia*. Buenos Aires: 2005.

_____; LATORRE, Sidney Z. & TEIXEIRA, Maria Luisa. "Apenas 6% das empresas são percebidas como adhocracias inovadoras". Em *HSM Management Update*, 49, out. 2007.

DUNCAN, Jack W. "Organizational Culture: 'Getting a Fix' on an Elusive Concept". Em *Academy of Management Executive*, 3 (3), ago. 1989.

FINEGAN, Joan E. "The Impact of Person and Organizational Values on Organizational Commitment". Em *Journal of Occupational and Organizational Psychology*, 70, 2000.

FREITAS, Maria E. "Cultura organizacional: grandes temas em debate". Em *Revista de Administração de Empresas — RAE*, , 31 (8), jul./set. 1991a.

_____. *Cultura organizacional: formação, tipologias e impactos*. São Paulo: McGraw-Hill, 1991b.

FROST, Peter J. *Reframing Organizational Cultures*. Nova York: Sage, 1991.

GORDON, George G. & DITOMASO, Nancy. "Predicting Corporate Performance from Organizational Culture". Em *Journal of Management Studies*, 6 (2), 1992.

HATCH, Mary Jo. *Organization Theory: Modern, Symbolic and Postmodern Perspectives*. Nova York: Oxford University Press, 1997.

HOFSTEDE, Geert. *Cultures and Organizations: Software of the Mind*. Nova York: McGraw-Hill, 1991.

_____. "Identifying Organizational Subcultures: an Empirical Approach". Em *Journal of Management Studies*, 35 (1), jan. 1998.

_____ *et al.* "Measuring Organizational Cultures: a Qualitative and Quantitative Study Across Twenty Cases". Em *Administrative Science Quarterly*, 35 (2), jun. 1990.

INGLEHART, Ronald & BAKER, Wayne E. "Modernization, Cultural Change and the Persistence of Traditional Values". Em *American Sociological Review*, 65 (1), 2000.

KABANOFF, Boris; WALDERSEE, Robert & COHEN, Marcus. "Espoused Values and Organizational Change Themes". Em *Academy of Management Journal*, 38 (4), 1995.

KANT, Immanuel. *Crítica da razão prática*. Trad., introdução e notas de Valério Rohden, baseada na edição original de 1788. São Paulo: Martins Fontes, 2002.

KATZ, Daniel & KAHN, Robert L. *Psicologia social das organizações*. Trad. Eurifhebo Simões. 2ª ed. São Paulo: Atlas, 1976.

KETS DE VRIES, Manfred F. R. & MILLER, D. "Personality, Culture, and Organization". Em *The Academy of Management Review*, 11 (2), abr. 1986.

KLUCKHOHN, Clyde *et al.* "Los valores y las orientaciones de valor en la teoria de la acción". Em PARSONS, Talcott & SHILLS, Edward A. *Hacia una teoría general de la acción*. 5ª ed. Buenos Aires: Kapelusz, 1951.

KWAN, Paula & WALKER, Allan. "Validating the Competing Values Model as a Representation of Organizational Culture through Inter-Institucional Comparisons". Em *Organizational Analysis*, 12 (1), 2004.

LATORRE, Sidney Z. *Perfis de cultura e de valores organizacionais: um estudo em empresas de tecnologia*. Dissertação de Mestrado em Administração de Empresas. São Paulo: Universidade Presbiteriana Mackenzie, 2006.

LIN, Xiaodong & KINZER, Charles K. "The Importance of Technology for Making Cultural Values Visible". Em *Theory into Practice*, 42 (3), The Ohio State University, Summer 2003.

MARTIN, Joanne. *Cultures in Organizations: Three Perspectives*. Nova York: Oxford University Press, 1992.

_____. *Organizational Culture: Mapping the Terrain*. Thousand Oaks: Sage, 2002.

_____ & FROST, Peter. "Jogos de guerra da cultura organizacional: a luta pelo domínio intelectual". Em CLEGG, Stewart R. *et al.* (orgs.). *Handbook de estudos organizacionais, 2*. São Paulo: Atlas, 2001.

MAYO, Elton. *The Human Problems of an Industrial Civilization*. Nova York: Routledge, 2003.

MEGLINO, Bruce M. & RAVLIN, Elizabeth C. "Individual Values in Organizations: Concepts, Controversies, and Research". Em *Journal of Management*, 24 (3), 1998.

MINTZBERG, Henry. *Power In and Around Organizations*. Londres: Prentice Hall, 1983.

_____. *Criando organizações eficazes: estruturas em cinco configurações*. São Paulo: Atlas, 2003.

NIETZSCHE, Friedrich. "Assim falou Zaratustra: um livro para todos e ninguém". Primeira parte. Trad. e notas de Rubens Rodrigues Torres Filho, baseada na ed. original de 1883. Em *Obras completas*. São Paulo: Nova Cultural, 1996.

OLIVEIRA, Aurea F. & TAMAYO, Alvaro. "Inventário de perfis de valores organizacionais". Em *Revista de Administração*, 39 (2), abr./maio/jun. 2004.

OLIVEIRA, Marcelle C. & ARAÚJO, Aneide O. "Cultura organizacional e controladoria no contexto brasileiro". Em *Anais do Enanpad 1999*. São Paulo, 1999.

O'REILLY, Charles A.; CHATMAN, Jennifer & CALDWELL, David F. "People and Organizational Culture: a Profile Comparison Approach to Assessing Person-Organization Fit". Em *Academy of Management Journal*, 34, mar. 1991.

OUCHI, William G. "Markets, Bureaucracies, and Clans". Em *Administrative Science Quarterly*, 25, mar. 1980.

PAZ, Maria das Graças T. da & TAMAYO, Alvaro. "Perfil cultural das organizações". Em TAMAYO, Alvaro (org.). *Cultura e saúde nas organizações*. Porto Alegre: Artmed, 2004.

PETTIGREW, Andrew. "On Studying Organizational Cultures". Em *Administrative Science Quarterly*, 24, dez. 1979.

_____. "A cultura das organizações é administrável?" Em FLEURY, Maria Tereza L. (coord.). *Cultura e poder nas organizações*. 8ª ed. São Paulo: Atlas, 1996.

PORTO, Juliana B. & TAMAYO, Alvaro. "Valores organizacionais e civismo nas organizações". Em *Revista de Administração Contemporânea – RAC*, 9 (1), jan./mar. 2005.

QUINN, Robert E. & CAMERON, Kim. "Organizational Life Cycles and Shifting Criteria of Effectiveness: Some Preliminary Evidence". Em *Management Science*, 29 (1), jan. 1983.

_____ & ROHRBAUGH, John. "A Spatial Model of Effectiveness Criteria: Towards a Competing Values Approach to Organizational Analysis". Em *Management Science*, 29 (1), mar. 1983.

ROHAN, Meg J. "A Rose by any Name? The Values Construct". Em *Personality and Social Psychology Science*, 4 (3), 2000.

ROKEACH, Milton. *The Nature of Human Values*. Nova York: The Free Press, 1973.

____. "From Individual to Institutional Values: with Special Reference to the Values of Science". Em *Understanding Human Values*. Nova York: The Free Press, 1979.

ROS, María. "Psicologia social dos valores: uma perspectiva histórica". Em ROS, María & GOUVEIA, Valdiney V. (coords.). *Psicologia social dos valores humanos: desenvolvimentos teóricos, metodológicos e aplicados*. São Paulo: Senac São Paulo, 2006.

SÁ, Herta K. & ENDERS, Thomas. "Relação entre cultura e desempenho organizacional nas escolas particulares". Em *Anais do Enanpad 2002*. São Paulo, 2002.

SANTOS, Neusa Maria B. F. "Cultura e desempenho organizacional: um estudo empírico em empresas brasileiras do setor têxtil". Em *Revista de Administração Contemporânea – RAC*, 2 (1), jan./abr. 1998.

SCHEIN, Edgar H. "Coming to a New Awareness of Organizational Culture". Em *Sloan Management Review*, 25 (2), Winter 1984.

____. *Organizational Culture and Leadership*. 2nd ed. São Francisco: Jossey-Bass, 1992.

SCHWARTZ, Shalom H. "Universals in the Content and Structure of Values: Theoretical Advances and Empirical Tests in 20 Countries". Em ZANNA, M. (org.). *Advances in Experimental Social Psychology*, 25. Orlando: Academic, 1992.

____. "A Theory of Cultural Values and some Implications for Work". Em *Applied Psychology: an International Review*, 48 (1), 1999.

____. "Há aspectos universais na estrutura e no conteúdo dos valores humanos?". Em ROS, Maria & GOUVEIA, Valdiney (coords.). *Psicologia social dos valores humanos: desenvolvimentos teóricos, metodológicos e aplicados*. São Paulo: Editora Senac São Paulo, 2006.

____ & BILSKY, Wolfgang. "Toward a Universal Structure of Human Values". Em *Journal of Personality and Social Psychology*, 3 (3), 1987.

SHRIVASTAVA, Paul. "Integrating Strategy Formulation with Organizational Culture". Em *The Journal of Business Strategy*, 5, 1985.

SMIRCICH, Linda. "Concepts of Culture and Organizational Analysis". Em *Administrative Science Quarterly*, 28 (3), set. 1983.

SROUR, Robert H. *Poder, cultura e ética nas organizações: o desafio das formas de gestão*. 13ª ed. Rio de Janeiro: Elsevier, 2005.

TAMAYO, Alvaro. "Hierarquia e valores transculturais e brasileiros". Em *Psicologia: teoria e pesquisa*, 10 (2), mai./ago. 1994.

____. "Valores organizacionais". Em TAMAYO, Alvaro; BORGES-ANDRADE, Jairo E. & CODO, Wanderley (org.). *Trabalho, organizações e cultura*. São Paulo: Cooperativa de Autores Associados, 1996.

____. "Valores organizacionais: sua relação com satisfação no trabalho, cidadania organizacional e comprometimento". Em *Rausp*, São Paulo, 33 (3), jul./set. 1998.

____ & GONDIM, Maria G. C. "Escala de valores organizacionais". Em *Revista de Administração*, 31 (2), abr./jun. 1996.

____; MENDES, A. Magnólia & PAZ, Maria das Graças T. da. "Inventário de valores organizacionais". Em *Estudos de Psicologia*, 5 (2), 2000.

____ & SCHWARTZ, Shalom H. "Estrutura motivacional dos valores humanos". Em *Psicologia: teoria e pesquisa*, 9 (2), mai./ago. 1993.

TEIXEIRA, Maria Luisa M. "Confiança. Confiança? O paradoxo entre valores declarados e atitudes". Em VASCONCELOS, Flávio C. & VASCONCELOS, Isabella F. *Paradoxos organizacionais: uma visão transformacional*. São Paulo: Pioneira Thomson Learning, 2004.

____ *et al. Valores humanos & gestão: novas perspectivas*. São Paulo: Senac São Paulo, 2008.

TRICE, Harrison M. & BEYER, Janice M. *The Culture of Work Organizations*. Englewood Cliffs: Prentice Hall, 1993.

TROMPENAARS, Fons. *Nas ondas da cultura: como entender a diversidade cultural nos negócios*. São Paulo: Educador, 1994.

VANDENBERGHE, Christian & PEIRÓ, José Maria. "Organizational and Individual Values: their Main and Combined Effects on Work Attitudes and Perceptions". Em *European Journal of Work and Organizational Psychology*, 8 (4), 1999.

WIENER, Yoash. "Forms of Value Systems: a Focus on Organizational Effectiveness and Cultural Change and Maintenance". Em *Academy of Management Review*, 13 (4), 1988.

WILLIAMS, Robin M. J. "Change and Stability in Values and Values Systems: a Sociological Perspective". Em ROKEACH, Milton. *Understanding Human Values*. Nova York: The Free Press, 1979.

WILLIAMS, Sandra L. "Strategic Planning and Organizational Values: Links to Alignment". Em *Human Resource Development International*, 5 (2), 2002.

A RELAÇÃO COM O AMBIENTE E O CICLO DE VIDA

QUANTO MAIS NÓS ESTUDAMOS A NATUREZA, MAIS NOS IMPRESSIONAMOS PELA SUA COMPLEXIDADE, COM ATÉ AS MENORES PARTÍCULAS SE ORGANIZANDO DURANTE UM ESTADO DE DESEQUILÍBRIO E APARENTE DESORDEM.

ILYA PRIGOGINE, *THE FUTURE IS NOT GIVEN, IN SOCIETY OR NATURE*

Quando falamos de ciclo de vida das organizações, há o entendimento implícito de que as consideramos como organismos vivos, que nascem, crescem, amadurecem e, eventualmente, morrem.

DIFERENTES AMBIENTES FAVORECEM DIFERENTES TIPOS DE ORGANIZAÇÃO

Neste livro, partimos da metáfora da organização como pessoa e, portanto, do entendimento de que há um ciclo de vida e que o ambiente afeta diretamente a organização. Na relação da organização com o ambiente, há obrigatoriamente a necessidade constante de adequação interna e adaptação externa. Ao integrar-se internamente, as organizações têm suas configurações alteradas. Consequentemente, mudam seus mecanismos de coordenação, suas partes básicas e, enfim, sua estrutura interna.

Ao adaptar-se externamente, passam por diversos estágios em seu ciclo de vida (Adizes, 1979 e 1998), um processo que pode conduzi-las até para estágios anteriores. Tais alterações afetam o comportamento da organização e podem ocorrer de maneira intencional (Adizes, 1979). Quanto mais turbulento o ambiente externo — mercado, relação com outras organizações —, maior deve ser a capacidade de assimilação da mudança e de reorganização para garantir o alcance dos objetivos e, em última instância, a sobrevivência.

Para Mintzberg (2003, p. 165), os ambientes simples e estáveis dão origem a estruturas centralizadas e burocráticas (máquina burocrática); já os ambientes estáveis e complexos levam a estruturas burocráticas e centralizadas, mas que valorizam as habilidades (organização profissional). Os ambientes dinâmicos e simples requerem organizações com a flexibilidade da estrutura orgânica, sendo que o poder pode permanecer centralizado (estrutura simples ou empreendedora); os ambientes dinâmicos e complexos necessitam de organizações descentralizadas e flexíveis, que respondam a mudanças imprevisíveis (adhocracia). As relações entre as configurações e o ambiente são tratadas por Mintzberg (2003) por meio da intersecção entre as variáveis de ambiente: simples ou complexo; estável ou dinâmico. Com exceção da forma "divisionalizada", tida como uma configuração que predomina em ambientes relativamente simples e estáveis, e das configurações missionária e arena política, que o autor classifica respectivamente como baseadas em ideologia e como uma forma não definitiva, as quatro demais são distribuídas em cada um dos quadrantes resultantes.

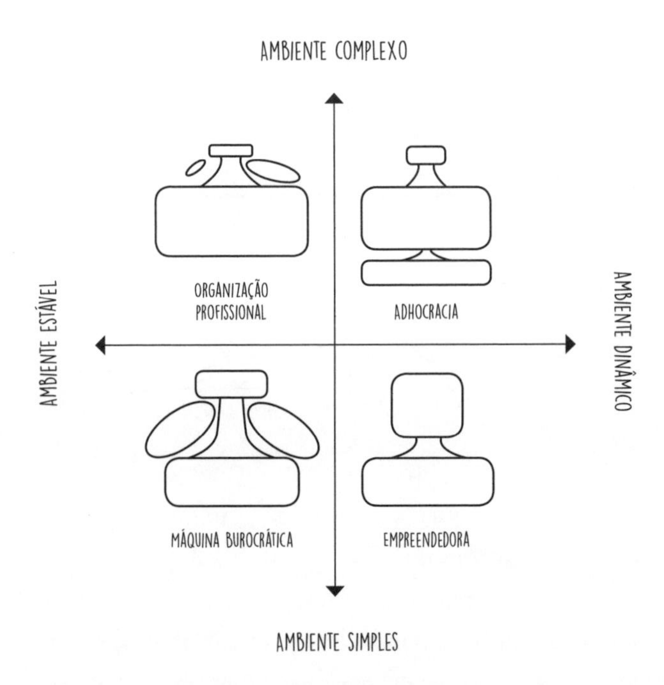

A RELAÇÃO ENTRE OS TIPOS DE ORGANIZAÇÃO E O AMBIENTE

Fontes: baseado em Mintzberg, Ahlstrand e Lampel (2000) e Mintzberg (2003).

Assim, pode-se pressupor que a configuração organizacional tenha uma relação intrínseca com o ambiente, e, portanto, com o ciclo de vida e com a cultura organizacional.

CICLO DE VIDA ORGANIZACIONAL

Partindo da interação com o ambiente externo, Adizes (1979 e 1998) apresenta um modelo de ciclo de vida das organizações, considerando que nascem, crescem, por vezes adoecem, envelhecem e morrem. Tendo por foco a ênfase organizacional ou os papéis nas tomadas de decisão — produzir (P), administrar (A), empreender (E) e integrar (I) —, aponta dez estágios usuais no ciclo de vida das organizações.

CRESCIMENTO E ENVELHECIMENTO DAS ORGANIZAÇÕES

Fonte: baseado em Adizes (1979, 1998 e 2004).

1. **Namoro** (paEi): ainda não há efetivamente uma organização; nessa fase o papel de empreender (E) é o mais importante.
2. **Infância** (Paei): a organização nasceu, então há riscos e contas a pagar; a ênfase passa a ser a produção (P).

3. ***Go-go*** (PaEi): a ideia já está em funcionamento e o foco passa a ser o alcance dos resultados. O nome foi mantido no original em inglês, e significa "ir" com um aspecto de continuidade. Nesta fase a produção (P) já está mais estabilizada, com fornecedores mais confiáveis e o fluxo de caixa assegurado; então, o espírito empreendedor (E) tende a se intensificar.
4. **Adolescência** (pAEi): mais planejamento, reuniões, programas de capacitação e desenvolvimento de políticas. O que provoca, segundo Adizes (1998), a passagem do estágio *go-go* à adolescência é uma crise, que exige que se dê importância ao papel administrativo (A). Logo, "o surgimento de (A) é doloroso por se tratar de uma importante transição do 'o quê' e do 'por quê' (ligados à quantidade) para 'o como' (ligado à qualidade)" (Adizes, 1998, p. 202). Em outras palavras, significa dizer que a atenção à eficácia, relacionada com a produção (P) e o empreendedorismo (E), passa a ser tratada conjuntamente com a eficiência, relacionada com a qualidade e os objetivos de mais curto prazo.
5. **Plenitude** (PAEi): orientação aos resultados, com planos e procedimentos para o alcance da eficiência. Esse estágio é alcançado quando tanto a produção (P) e o empreendedorismo (E), relacionados com os objetivos finais, quanto a organização interna para atender aos clientes e a administração (A) estão equilibrados.
6. **Estabilidade ou maturidade** (PAeI): clima de amizade, com foco nos resultados e sistemas institucionalizados. O espírito empreendedor diminui (E) à medida que a integração (I) aumenta (Adizes, 1998, p. 216).
7. **Aristocracia** (pAeI): ênfase no "como" as coisas são feitas e não no "o quê" e no "por quê" fazer. Consequentemente,

a ênfase estratégica em produzir (P) e empreender (E) dá lugar à ênfase operacional administrar (A) e integrar (I).

8. **Burocracia incipiente** (pA-I): muito conflito, guerras internas e "caça às bruxas". O foco deixa de ser o ambiente externo e passa a ser a própria empresa.
9. **Burocracia** (-A--): a empresa não gera os recursos internos necessários; há falta de controle, sistemas numerosos e atuação organizacional dissociada do ambiente.
10. **Morte** (----): já não há mais orientação para resultados, pessoas, administração ou negócio.

A RELAÇÃO ENTRE O CICLO DE VIDA E A CULTURA ORGANIZACIONAL

Adizes (1998, p. 122) entende que analisar o ciclo de vida das organizações possibilita alterar a posição nas fases do ciclo e, em última instância, a mudança da própria cultura organizacional. Parte do pressuposto de que a relação da organização com o ambiente tende a seguir uma série cíclica, mas que não restringe a organização a uma posição passiva, considerando que há a possibilidade de mudança organizacional.

Nesse sentido, a cultura organizacional — aqui entendida como o conhecimento acumulado e compartilhado de um grupo, que engloba aspectos comportamentais, emocionais e cognitivos de seus membros — contribui para essa adaptação das empresas ao ambiente, à sua própria sobrevivência e ao processo de integração interna (Schein, 1992, p. 68).

Tratando da relação entre os tipos culturais e o ciclo de vida organizacional, Quinn e Cameron (1983) propõem um modelo integrador para os estágios de evolução das organizações, que pode ser resumido, com base em suas principais características, em quatro fases ou estágios:

a. **empreendimento:** inovação, criatividade, muitas ideias, pouco planejamento e controle; foco na flexibilidade;
b. **coletividade:** estrutura e planejamento informais, senso de coletividade, senso de missão, inovação contínua e alto comprometimento; ênfase nas relações humanas;
c. **formalização e controle:** estabelecimento de regras, estrutura estável com ênfase na eficiência e manutenção, conservadorismo e procedimentos institucionalizados;
d. **elaboração da estrutura:** descentralização, expansão do domínio, adaptação e renovação; foco no domínio do ambiente externo.

Cameron e Quinn (1999, p. 48), tendo por base os estudos de ciclos de vida das organizações, afirmam que a cultura organizacional muda ao longo do tempo e que as empresas novas e/ou pequenas tendem a seguir um certo padrão de mudança dessa cultura diretamente relacionado com o ciclo de vida.

Nos estágios iniciais, as organizações novas e/ou pequenas tendem a assumir a forma adhocracia, com uma estrutura pouco formalizada, sem regras ou padrões. Conforme se desenvolvem, surge o sentimento, nos membros da organização, de pertencerem a uma família, o que caracterizaria a empresa como sendo do tipo cultural clã. Com as crises e a competitividade, surge, com o passar do tempo, a necessidade de estruturar-se e de criar padrões de operação, e a cultura transforma-se em um tipo mais hierarquizado.

Nesta fase, muitas vezes, aflora nos funcionários o sentimento de perda dos relacionamentos amigáveis, o que pode diminuir a satisfação pessoal no ambiente de trabalho. Por conseguinte, em razão da competitividade, da busca de resultados e da ênfase nos relacionamentos externos à organização, surge o tipo cultural mercado. A partir daí, as organizações mais eficazes tendem a criar subunidades, e cada divisão pode gerar uma cultura de tipo diferente: enquanto um departamento de desenvolvimento pode, por exemplo, ser adhocrático, a contabilidade pode ser do tipo hierarquia. Assim, uma organização pode ter um ou mais tipos culturais dominantes e a combinação desses tipos resulta em seu perfil cultural.

Schein (1992, p. 298) também defende que as mudanças culturais tendem a seguir certo padrão em empresas novas. O autor parte do princípio de que todos os sistemas humanos buscam manter o equilíbrio e manter sua autonomia perante o ambiente. A evolução da cultura, nessa visão, acaba sendo a forma pela qual os grupos preservam a integridade e a autonomia, e diferenciam-se do ambiente e de outros grupos, criando uma identidade própria.

As mudanças culturais também ocorrem em empresas maiores e mais maduras, porém em padrões menos previsíveis e, geralmente, de forma intencional. Assim como Adizes (1998), Cameron e Quinn (1999) também acreditam que, com o conhecimento das dinâmicas da organização, da sua fase no ciclo de vida e das suas principais características de cultura organizacional, é possível estabelecer um relacionamento proativo com o ambiente externo.

PERFIS ORGANIZACIONAIS

Em um estudo que realizei em 2006, em empresas de tecnologia — a partir de elementos das teorias já citadas e detalhadas neste livro, e por meio de pesquisas e análises qualitativas e quantitativas —, foi possível formular cinco perfis organizacionais compostos por elementos internos (configuração, perfis de cultura e de valores organizacionais e artefatos) e externos (referentes aos estágios do ciclo de vida).

Nos capítulos anteriores deste livro, vimos as teorias utilizadas na construção dessas associações, que originaram os perfis organizacionais e que estabelecem relações entre os aspectos mais físicos e os mais sutis e o ambiente. Partimos dos estágios de ciclo de vida definidos por Ichak Adizes; das configurações organizacionais de Henry Mintzberg, as quais chamamos de tipos de corpos que caracterizam as organizações; da definição de artefatos, de Edgar H. Schein, como nível mais superficial da cultura; da tipologia de cultura proposta por Kim S. Cameron e Robert E. Quinn; e da tipologia de valores organizacionais proposta por Aurea Oliveira e Alvaro Tamayo, criada a partir da estrutura universal de valores humanos de Shalom H. Schwartz.

São muitas teorias, de vários autores e países diversos, que apresentam tipologias e definições de algum modo complementares e que, juntas, como recortes, podem formar um belo mosaico para desvendar um pouco mais deste "ser" chamado organização. Os elementos mais externos guardam relação com o corpo da organização, enquanto os mais internos e profundos, com sua alma. A relação entre essas teorias e elementos foi possível a partir de pesquisas quantitativas, como no caso da relação entre perfis de cultura e perfis de valores organizacionais, e também de pesquisas qualitativas que tiveram por meta a ampliação do entendimento da conexão entre os perfis, bem como a relação com os artefatos de cultura, com o ciclo de vida e com a configuração organizacional, por meio de entrevistas e da observação e análise dos materiais e sites das empresas (Latorre, 2006).

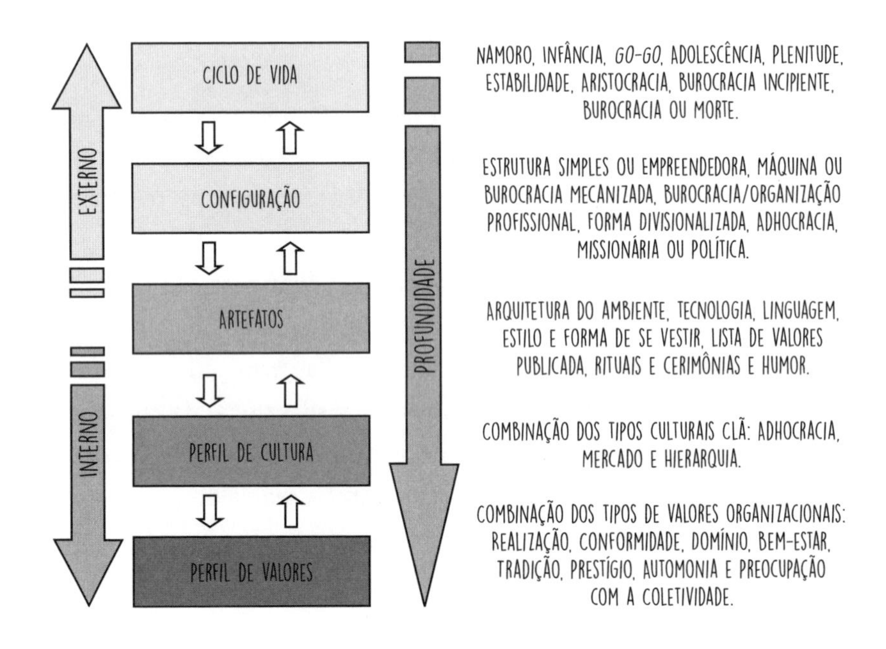

ELEMENTOS PARA A COMPOSIÇÃO DE PERFIS ORGANIZACIONAIS

Fonte: Latorre (2006).

A partir de estudos qualitativos e quantitativos, estabelecemos cinco perfis organizacionais, cinco tipos de "pessoas".

PERFIL ORGANIZACIONAL: SOBREVIVÊNCIA

Este perfil está relacionado aos estágios iniciais do ciclo de vida (namoro e infância), nos quais o foco é a sobrevivência. Sugere a relação entre a configuração e o tipo cultural adhocracia, com os valores associados a abertura à mudança (autonomia e bem-estar) e autopromoção (domínio e prestígio).

O PERFIL ORGANIZACIONAL SOBREVIVÊNCIA

Uma organização com o perfil sobrevivência pode ser entendida então como uma organização nos estágios iniciais de vida, que ainda busca estabilizar-se. Sua atenção está em ocupar o seu lugar no mundo, tendo por foco conquistar prestígio, domínio de recursos e controle da situação. Nessa configuração a autonomia e o bem-estar dos membros são valorizados.

PERFIL ORGANIZACIONAL: PESSOAS

Perfil relacionado com o estágio *go-go*, no qual aflora o espírito empreendedor da organização. Sugere uma relação com configurações nas quais o "dono" coordena a empresa pessoalmente (estrutura simples ou missionária), como uma família, ou com organizações nas quais o núcleo operacional é a "força" da empresa e os funcionários possuem autonomia (organização profissional). Pode-se supor, ainda, a relação com o tipo cultural clã e com os valores relacionados com as dimensões

O PERFIL ORGANIZACIONAL PESSOAS

de autotranscendência (preocupação com a coletividade) e abertura à mudança (autonomia e bem-estar).

Este é um perfil jovem, mas não tanto quanto o perfil sobrevivência, e caracteriza-se, como sugere o nome, pelo foco nas pessoas, em seu desenvolvimento e na relação com o meio.

PERFIL ORGANIZACIONAL: DOMÍNIO

Perfil relacionado com as fases de adolescência e plenitude da organização, nas quais os atos de produzir e empreender continuam sendo importantes, mas a decisão de administrar e o foco nos resultados ganham força. Esse perfil está associado com o tipo cultural mercado e com os valores domínio, realização, prestígio, conformidade e tradição — ligados às dimensões de autopromoção e conservação. Sugere uma associação com configurações que apresentam foco no resultado, tanto pela padronização dos resultados esperados (forma "divisionalizada") quanto pela padronização de habilidades (organização profissional).

O perfil organizacional domínio, ao contrário dos dois anteriores, traz o foco nos processos, nas conquistas e nos resultados da organização.

O PERFIL ORGANIZACIONAL DOMÍNIO

PERFIL ORGANIZACIONAL: INOVAÇÃO

Perfil relacionado com a fase de plenitude, na qual o foco (assim como no perfil domínio) está no resultado. Isso ocorre em razão da preocupação em inovar por meio de novos produtos, serviços ou tecnologias (forma "divisionalizada") ou por uma estrutura com processos flexíveis e matriciais (adhocracia) — que se opõem à burocracia. Sugere uma relação com os tipos culturais adhocracia e mercado, tendo o foco (como no perfil sobrevivência) nos valores organizacionais associados com a abertura à mudança e a autopromoção.

O PERFIL ORGANIZACIONAL INOVAÇÃO

PERFIL ORGANIZACIONAL: PROCESSOS

Perfil organizacional com o foco de atenção interno, nos processos e no controle das atividades rotineiras da organização — característicos dos estágios de estabilidade, aristocracia, burocracia incipiente e burocracia. Sugere uma relação com a configuração burocracia mecanizada, na qual o foco é a padronização de processos, com o tipo cultural

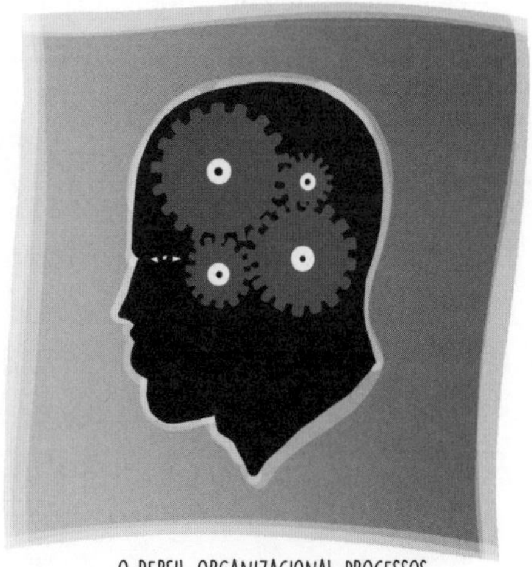

O PERFIL ORGANIZACIONAL PROCESSOS

hierarquia e com valores associados a conservação e autotranscendência, tais como tradição, conformidade e preocupação com a coletividade. Pode estabelecer relação com a configuração organizacional arena política, nos estágios de descendência e crise da organização.

No estudo realizado (Latorre, 2006), todos os perfis apareceram, porém não em suas formas puras pressupostas, caracterizando os estágios atuais ou anteriores das empresas analisadas, com exceção do perfil organizacional inovação. Em linhas gerais, o perfil domínio foi o predominante ou o almejado pelas empresas estudadas; em duas delas, houve uma mescla de perfis, possivelmente como decorrência das transições vividas. Uma das organizações apresentou o perfil organizacional domínio como preponderante e as outras duas — que apresentaram os perfis organizacionais pessoas e processos — estavam em fase de transição ao perfil domínio, e apresentaram elementos de ambos os perfis. Dessa forma, pode-se imaginar que, assim como afirma Mintzberg em relação aos momentos de transição das configurações organizacionais, nos quais elas com frequência apresentam características das duas configurações, o mesmo pode ocorrer com os perfis organizacionais e com os seus elementos.

Como foram pesquisadas poucas empresas, não é possível generalizar esses perfis e tomá-los como uma tipologia ou teoria estabelecida. Para isso, estudos futuros e aprofundamentos são necessários. No entanto, temos uma possibilidade interessante de entendimento amplo dos aspectos mais físicos e dos mais sutis da organização a partir do ciclo de vida e do seu perfil. Acreditamos que a análise conjunta desses elementos, que são "recortes" ou visões da organização, pode trazer à tona um entendimento mais amplo da organização e de sua relação com o ambiente, conforme esquema a seguir:

A RELAÇÃO PRESSUPOSTA ENTRE OS ELEMENTOS DO PERFIL ORGANIZACIONAL

PERFIL ORGANIZACIONAL/ ELEMENTOS	SOBREVIVÊNCIA	PESSOAS	DOMÍNIO	INOVAÇÃO	PROCESSOS
Ciclo de vida	Namoro; infância	*Go-go*	Adolescência; plenitude	Plenitude	Estabilidade; aristocracia; burocracia incipiente; burocracia
Configuração	Adhocracia	Estrutura simples; organização profissional; missionária	Forma divisionalizada; organização profissional	Forma divisionalizada; adhocracia	Burocracia mecanizada; política
Perfil de cultura **(tipo dominante)**	Adhocracia	Clã	Mercado	Adhocracia mercado	Hierarquia
Perfil de valores	Autonomia; bem-estar; realização; domínio; prestígio	Preocupação com a coletividade; bem-estar; autonomia	Domínio; realização; prestígio; conformidade; tradição	Autonomia; bem-estar; realização; domínio; prestígio	Tradição; conformidade; preocupação com a coletividade

Fonte: Latorre (2006).

Tudo leva a crer que o desenvolvimento das organizações passa, sim, por fases, dentro de um ciclo de vida na forma de uma espiral. Ou seja, ao longo de sua vida, a organização pode passar por questões críticas — internas e externas — e se adaptar ou, em última instância, declinar e morrer. A capacidade de aprender, de mudar e até de se reinventar pode ser o fator de sobrevivência da organização.

Uma organização saudável, assim como uma pessoa, certamente está bem mais apta a reagir às mudanças e, assim, prolongar a sua existência.

BIBLIOGRAFIA

ADIZES, Ichak. "Organizational Passages: Diagnosing and Treating Lifecycle Problems of Organizations". Em *Organizational Dynamics*, Summer 1979.

____. *Os ciclos de vida das organizações: como e por que as empresas crescem e morrem e o que fazer a respeito*. São Paulo: Pioneira, 1998.

____. *Gerenciando os ciclos de vida das organizações*. São Paulo: Prentice Hall, 2004.

BAUM, Joel A. C. "Ecologia organizacional". Em CLEGG, Stewart R. *et al.* (orgs.) *Handbook de estudos organizacionais*, vol. 1, 2ª ed. São Paulo: Atlas, 1998.

CAMERON, Kim S. & QUINN, Robert E. *Diagnosing and Changing Organizational Culture*. Nova York: Addison-Wesley, 1999.

LATORRE, Sidney Z. *Perfis de cultura e de valores organizacionais: um estudo em empresas de tecnologia*. Dissertação de Mestrado em Administração de Empresas. São Paulo: Universidade Presbiteriana Mackenzie, 2006.

MINTZBERG, Henry. *Power In and Around Organizations*. Londres: Prentice Hall, 1983.

____. "Power and Organization Life Cycles". Em *Academy of Management*, 9 (2), 1984.

____. *The Rise and Fall of Strategic Planning: Reconceiving Roles for Planning, Plans, Planners*. Nova York: The Free Press, 1994.

____. *Criando organizações eficazes: estruturas em cinco configurações*. São Paulo: Atlas, 2003.

____; AHLSTRAND, Bruce & LAMPEL, Joseph. *Safári de estratégia: um roteiro pela selva do planejamento estratégico*. Porto Alegre: Bookman, 2000.

____ & LAMPEL, Joseph. "Reflecting on Strategy Process". Em *Sloan Management Review*, Cambridge, 40 (3), Spring 1999.

____ & QUINN, James Brian. *O processo da estratégia*. Porto Alegre: Bookman, 2001.

OLIVEIRA, Aurea F. & TAMAYO, Alvaro. "Inventário de perfis de valores organizacionais". Em *Revista de Administração*, 39 (2), abri./mai./jun. 2004.

PRIGOGINE, Ilya. "The Future is Not Given, in Society or Nature". Em *New Perspectives Quarterly*, 17 (2), Spring 2000.

QUINN, Robert E. & CAMERON, Kim. *Organizational Life Cycles and Shifting Criteria of Effectiveness: Some Preliminary Evidence*. Em *Management Science*, 29 (1), jan. 1983.

SAMUEL, Yitzhak. *Organizational Pathology: Life and Death of Organizations*. New Brunswick: Transaction Publishers, 2012.

SCHEIN, Edgar H. *Organizational Culture and Leadership*. 2nd ed. São Francisco: Jossey-Bass Publishers, 1992.

SCHWARTZ, Shalom H. "Universals in the content and Structure of Values: Theoretical Advances and Empirial Tests in 20 countries". EM ZANNA, M. (org). *Advances in experimental Social Psychology*, vol. 25. Orlando: Academic, 1992.

7

AS ORGANIZAÇÕES FICAM DOENTES?

A SAÚDE É UM ESTADO DE COMPLETO BEM-ESTAR FÍSICO, MENTAL E SOCIAL, E NÃO SIMPLESMENTE A AUSÊNCIA DE DOENÇA OU DE ENFERMIDADE.

CONSTITUIÇÃO DA ORGANIZAÇÃO MUNDIAL DA SAÚDE

VÍCIOS E DOENÇAS DAS ORGANIZAÇÕES

Podemos estender a metáfora da organização como pessoa, com corpo e alma, para considerar que ela pode também adquirir doenças e vícios, surgidos da sua relação com o ambiente ou a partir de questões internas, físicas e culturais. O objetivo de fazer analogias entre os aspectos da vida organizacional e os vícios, as doenças e seus sintomas é o mesmo da utilização das tipologias e metáforas: facilitar o entendimento a partir das características humanas e do paralelo com a organização. Certamente estamos falando de complexos aspectos biológicos e médicos, mas nossa intenção é apenas ilustrativa e didática.

Questões externas como a economia global ou nacional, as mudanças nas regulações ou nos paradigmas mercadológicos, por exemplo, podem afetar a saúde física, mental, social e financeira das organizações. Da mesma forma, as relações diárias entre as pessoas na construção coletiva da cultura e da vida organizacional, assim como o comportamento dos líderes, podem ser causa de vícios e doenças físicas, emocionais e mentais nas organizações.

Scott (2003) alerta que as patologias organizacionais afetam tanto os indivíduos participantes da organização quanto o público externo. Problemas internos incluem alienação, desigualdade, insegurança e "superconformidade". Problemas que também afetam o público externo envolvem corrupção e crimes corporativos.

O PAPEL SOCIAL DAS ORGANIZAÇÕES

Cada tipo de organização desempenha um papel, um tipo de função, nesse amplo e complexo organismo chamado sociedade:

- as organizações governamentais regulam a vida social, criando leis e normas, além de prover os serviços essenciais e recursos básicos de saúde, educação, transporte, segurança, saneamento básico, infraestrutura e programas sociais, entre outros;

- as organizações sindicais mediam as relações e os interesses dos trabalhadores com suas organizações, dos mais variados tipos e categorias;
- as organizações industriais se ocupam da produção de produtos para atender às necessidades e demandas da sociedade;
- as organizações de serviços têm como produto final a realização de uma atividade que seja útil às pessoas, a prestação de serviços — de saúde, alimentação, estética, segurança, transporte, comunicação, lazer, educação, bem-estar, entre outros;
- as organizações comerciais têm a função de fazer com que os produtos e serviços produzidos pelas empresas comerciais e de serviços cheguem ao consumidor final;
- as organizações de educação, inovação e pesquisa se ocupam da investigação, descoberta e ensino de novas tecnologias ou métodos que auxiliem na evolução dos vários aspectos da vida contemporânea e das áreas do conhecimento.

Enfim, estamos falando de uma cadeia ampla e elaborada, na qual as organizações exercem papel fundamental, como órgãos da própria sociedade. Quando uma ou mais organizações se desviam de seu papel, de sua função no todo, por vício, disfunção ou fator externo, todo o sistema social é afetado direta ou indiretamente. E isso pode causar danos leves e contornáveis ou problemas e patologias mais sérias e agudas.

Quando, por exemplo, há um desbalanceamento, ou desequilíbrio, entre a quantidade de tarefas a realizar, os cargos criados e a quantidade de pessoas, podem ocorrer doenças relacionadas à estrutura física da organização, como o excesso de gordura e peso, a **obesidade**, ou a falta de estrutura, como a **anemia** ou o **raquitismo**.

Como se sabe, na anemia, o sangue não consegue transportar oxigênio suficiente aos tecidos e isso causa cansaço, fraqueza e dificuldades de concentração; o raquitismo, uma doença ligada à falta de vitaminas, causa um atraso no desenvolvimento da estrutura do corpo e fraqueza muscular, entre outros sintomas; a obesidade é o excesso de estrutura (gordura) e há indícios de que pode levar ao câncer, além de doenças como diabetes e patologias cardíacas; além disso, uma organização obesa pode ficar mais lenta na execução de tarefas diárias e rotineiras.

As patologias nas organizações têm relação direta com a falta, o excesso ou a inadequação das entradas, ou anormalidades em processar as entradas e transformá-las em saídas (Samuel, 2012).

Para Merry e Brown (1990), as patologias devem ser entendidas sempre como um desvio do estado dinâmico da organização e não como uma diferença pontualmente percebida em um funcionamento preconcebido. Um aspecto importante ressaltado por esses autores é que, independentemente de problemas econômicos ou desastres naturais, que são externos, a responsabilidade final pela organização sempre está em si mesma. Quando uma organização está doente, sua totalidade ainda pode estar em bom funcionamento. Nas organizações neuróticas, por exemplo, a patologia pode só atingir o funcionamento total quando estiverem em fase de declínio. As organizações neuróticas seriam aquelas que apresentam padrões repetitivos de comportamento distorcido; parte de sua operação com mau funcionamento ou estado de saúde questionável; dificuldades em mudar os padrões que estão causando problemas; comportamento organizacional (e não individual) patológico; fantasias baseadas na distorção da realidade (Merry & Brown, 1990, pp. 21-28).

Existem vários tipos de patologias e vícios organizacionais que atingem parte da organização e podem levá-la ao declínio e à morte.

Peter Drucker (2002, pp. 581-582) chama de **organizacionite** uma espécie de vício em que todos os membros se preocupam continuamente com a organização, e a reorganização é então uma constante. Ao sinal de qualquer mínimo problema, chamam-se logo os "médicos organizacionais", que são consultores contratados ou equipes da própria empresa. Segundo o autor, isso pode ser por falta de planejamento em relação à estrutura, objetivos e estratégia ou mesmo uma espécie de **hipocondria** (distúrbio psíquico em que o doente tem a falsa impressão de estar o tempo todo com uma doença grave). Alerta para o fato de que não se deve

> introduzir com muita frequência mudanças na organização, nem considerá-las superficialmente. A reorganização é uma espécie de cirurgia e até pequenas cirurgias apresentam riscos. Deve-se negar atendimento às solicitações de estudos organizacionais, ou que visem à reorganização, como solução para males de menor gravidade. Nenhuma organização jamais será perfeita. É inevitável o aparecimento de certa dose de atritos, de incongruência, de confusão organizacional. E a prova da boa organização não é a perfeição no papel: é o bom desempenho do serviço. (Drucker, 2002, pp. 581-582)

As **patologias organizacionais**, assim como acontece na medicina, podem ser identificadas por meio de sintomas:

a. manifestam-se nas organizações por meio de padrões distintos que são entendidos como modos de comportamento anormais;
b. prejudicam o público interno (membros da organização) e externo (clientes);
c. são padrões de comportamento que funcionam como um autosserviço, como uma organização política, e podem crescer e durar por um longo tempo;

d. geram tensão e antagonismo entre os membros da organização;
e. esses padrões anormais tendem a "infectar outros participantes, contaminando a organização inteira com um estigma tal como 'burocrática', 'corrupta' ou 'anacrônica'" (Samuel, 2012, p. 36).

Um exemplo de patologia bem conhecida é a **corrupção organizacional**, que tem natureza ilegal e imoral, pode contaminar o sistema todo e espalhar-se a vários níveis, envolvendo grande número de funcionários, causando danos sociais e até a morte da própria organização (Samuel, 2012). Scott (2003) aponta a corrupção, em especial nas organizações públicas, como o desvio organizacional mais custoso e difícil de resolver.

Partindo das questões psíquicas nas organizações, Kets de Vries e Miller (1984) afirmam que os estilos neuróticos de personalidade dos líderes ou altos executivos afetam toda a vida da organização, incluindo a própria estratégia, a estrutura e a cultura organizacional. Esses autores também fazem analogias de disfunções nas organizações com doenças do ser humano. Partindo da similaridade com padrões na estratégia e estrutura organizacional, classificam uma empresa como, por exemplo, **depressiva** — quando a letargia e o declínio foram apontados como decorrentes da estagnação estratégica. Sentimento de culpa e falta de esperança estão presentes nesse tipo de organização, no qual geralmente há passividade, conservadorismo e burocracia, com alto grau de hierarquização da estrutura.

Além da organização depressiva, Kets de Vries e Miller (1984, p. 24) detalham as características de mais quatro tipos patológicos: paranoica, compulsiva, dramática e esquizoide.

Na **paranoica**, as desconfianças, os medos e as suspeitas em relação aos outros levam à centralização do poder e ao controle de toda a vida organizacional, com processos e sistemas sofisticados de inteligência. Adizes também aponta a paranoia como uma das possíveis fases no ciclo de vida de uma organização, estágio em que a preocupação interna passa a ser "saber quem causou os problemas e não o que fazer a respeito deles" (Adizes, 2004, p. 131).

A **compulsiva** se ocupa com mínimos detalhes, por ser perfeccionista e atenta a todas as regras. O foco está nos procedimentos e na conformidade. Também é repleta de controles e hierarquias, pois não aceita ficar à mercê dos acontecimentos e de surpresas.

Já nas organizações **dramáticas**, como o próprio nome sugere, tudo são emoções com o objetivo de chamar a atenção e impressionar as pessoas. No geral, os líderes dessas organizações vivem em um mundo de impressões e não de fatos.

E, por fim, nas **esquizoides** há falta de entusiasmo, confiança, emoção e liderança. Isolamento emocional e agressividade são características frequentes. Pode ser um cenário de arena política, com disputas de poder.

Kets de Vries e Miller (1984) entendem que as fantasias e os estilos neuróticos de executivos do alto escalão podem ser compartilhados pelo grupo, influenciando diretamente a estratégia, o processo decisório, a estrutura e a cultura, criando, ao longo do tempo, os estilos neuróticos de organização.

O **vício em trabalho** (*workaholism*) também pode tornar-se uma patologia quando

> um número considerável de funcionários ficam viciados em seus trabalhos. Isso chega a um ponto no qual a fadiga crônica se sobrepõe ao balanço [equilíbrio] de sua vida no trabalho e leva a *performance* no trabalho a um desarranjo. (Samuel, 2012, p. 49, tradução nossa)

Em outro extremo, a **alienação** pode também se tornar um mal da organização: funcionários apáticos, com pouca atenção ao trabalho e aos interesses da organização, também podem comprometer a vida organizacional (Samuel, 2012).

Quando os membros de uma organização tendem a dar mais importância às regras e aos procedimentos do que aos resultados e objetivos, temos um caso de "superconformidade" (*over-conformity*; Scott, 2003; Samuel, 2012). O foco está no "meio" e não no "fim", e o bom senso muitas vezes não é utilizado para resolver problemas e cumprir objetivos até relativamente simples. Samuel (2012) menciona que uma frase típica dessa patologia é: "desculpe, mas eu não faço as regras, eu apenas as sigo". Essa disfunção guarda uma relação exagerada com o valor conformidade, descrito neste livro na seção sobre valores organizacionais do capítulo 5.

Um outro aspecto importante a observar, quando tratamos de desarranjos ou doenças nas organizações, é o impacto que as mudanças ocasionam nos organismos. Em seu livro clássico *O choque do futuro*, Alvin Toffler (1972) comenta que pesquisas médicas correlacionam as exigências de adaptação impostas pelo meio ambiente com a saúde e as doenças das pessoas. Ele constata que até mesmo as mudanças relativamente pequenas no clima emocional ou nos relacionamentos interpessoais podem produzir alterações físicas no corpo que são prejudiciais à saúde. E como decorrência disso o estresse surge em resposta a essa necessidade constante de adaptação às mudanças.

Ao entendermos as empresas como organismos — que crescem, envelhecem, às vezes adoecem e, finalmente, morrem —, podemos supor que as incompatibilidades entre o estágio do ciclo de vida e a sua estrutura, tamanho e valores podem causar crises organizacionais. Uma empresa madura pode, por exemplo, agir como adolescente, negando o seu crescimento e retardando a adoção de alguns valores mais característicos de seu novo estágio de vida, a fase adulta, ou continuar com uma estrutura ou configuração organizacional mais típica de uma fase anterior.

Isso foi observado em uma pesquisa realizada em empresas de tecnologia (Latorre, 2006). Em uma delas, os sócios aparentemente não "perceberam" o crescimento da organização. Para instalar uma nova fase de foco no tipo cultural mercado, caracterizada por busca de resultados e estrutura compatível com o novo momento, tiveram uma série de conflitos e uma crise que durou anos — um **estresse organizacional** prolongado. A mudança do tipo cultural clã, no qual há foco nos relacionamentos, nas pessoas, e preocupação com a coletividade, para o tipo cultural mercado foi, desse modo, traumática.

De maneira análoga, uma empresa pode, intencionalmente ou por pressão externa, ter estágios de sua vida abreviados, o que ocasiona um descompasso entre a configuração e os valores organizacionais. Essa situação foi vivenciada por uma das empresas estudadas (Latorre, 2006), que, por diretriz de sua matriz americana, passou de uma configuração de estrutura simples a uma organização "divisionalizada" (tipos de configurações comentados na seção de estrutura do capítulo 4) em poucos anos, migrando também de uma cultura do tipo dominante clã ao tipo mercado, com a ênfase em domínio, prestígio e conformidade (tipos de valores e cultura organizacional comentados no capítulo 5). A mudança foi considerada complexa e acompanhada de pressões por resultados.

Por outro lado, a transição de uma cultura predominantemente hierárquica para a de foco no mercado não trouxe consigo uma crise, apenas demandou um esforço dos gestores para tornar o valor organizacional tradição menos predominante e maximizar o foco no resultado, por meio da realização e do domínio. Logo, as crises vividas coincidem com a mudança de tipos culturais tidos como opostos, ou seja, de clã para mercado. A mudança de hierarquia para mercado, que não foi acompanhada de crise e não envolve tipos opostos, sugere que as transições a valores e tipos de cultura organizacionais opostos — e, portanto, valores opostos — são as mais críticas.

Samuel (2012, p. 121) reforça essa constatação ao dizer que a "troca repentina de valores e crenças tradicionais nas organizações", nas quais "os principais valores são abandonados em função de mudanças internas ou externas", pode ocasionar uma patologia organizacional chamada **perda de direção**. Essa patologia, que pode ser fatal, foi observada também em empresas públicas que foram privatizadas e encontraram muitas dificuldades na adaptação e reorientação aos valores de empresa do setor privado (Samuel, 2012).

Os participantes — empregados, membros e outros — são usualmente os primeiros a sentir quando uma organização está em **declínio**. Alguns dos sintomas percebidos são: baixa moral do grupo; alto estresse; alto *turnover* (rotatividade do quadro de pessoal na organização), ou trocas constantes de funcionários; baixa produtividade e aumento de acidentes (Samuel, 2012). Como resposta ao declínio, é possível adotar uma posição proativa, buscando alternativas de mudança, inovação e renovação de padrões, ou de adequação ao contexto para recuperar a saúde no aspecto em que se constatar a fragilidade da organização e, em última instância, garantir a sobrevivência.

CUIDANDO DA SAÚDE DA ORGANIZAÇÃO

Adizes (2004) aponta a possibilidade de aplicação de uma terapia organizacional para retomar tanto a coesão interna, representada por alto grau de cooperação, confiança e respeito, quanto a externa, representada pelo grau de integração com o ambiente e com as mudanças externas, em casos de problemas anormais, mais crônicos. Quando falta coesão, interna ou externa, a saúde organizacional deve ser restaurada por "terapeutas", que, na implantação das mudanças, devem estar atentos para levar em conta esses dois tipos de integração.

Como uma intervenção reativa, após a identificação de uma situação mais crônica, em geral são analisados pontualmente os problemas mais críticos e adotadas intervenções para a resolução imediata dessas questões, que podem levar a organização à morte ou a uma condição de difícil sustentação. Nesse sentido, Wood e Caldas (1999) alertam para os altos riscos de utilização de processos radicais de mudança, comparando-os ao processo de terapia eletroconvulsiva na medicina: podem "resolver" uma situação crítica, mas os efeitos de longo prazo são desconhecidos.

FATORES DE MORTALIDADE CORPORATIVA

É importante ter em mente, quando o assunto é a saúde e a longevidade das organizações, algumas das principais variáveis que servem como parâmetros para a avaliação das taxas de mortalidade: idade, tamanho, nicho e *performance* (Samuel, 2012).

Com relação à **idade**, faz-se necessário destacar que um nascimento e um crescimento inicial de sucesso não são garantia de sobrevivência, pois "mais da metade dos negócios morrem nos anos iniciais de sua vida" (Samuel, 2012, p. 21). No outro extremo, as organizações mais velhas são "aparentemente vítimas da inércia" (Samuel, 2012, p. 24). Isso remete novamente à burocracia e suas relações com o ambiente, destacadas por Mintzberg, e com o ciclo de vida organizacional, comentadas por Adizes e por Cameron e Quinn. Estes últimos apresentam a burocracia como as formas que antecedem o declínio da organização. O capítulo 3 aborda esse tipo de organização em detalhes, e o capítulo 6, a relação com o ambiente e o ciclo de vida.

O **tamanho** da organização, quanto a número de funcionários, estrutura física ou até recursos financeiros, parece ter também uma forte relação com as chances de sobrevivência: organizações muito pequenas têm menos chances de sobreviver do que as maiores. No entanto, as organizações grandes não estão muito mais seguras, pois "podem carregar um fardo pesado da inércia, forças internas que as impedem de mudar para se adaptarem às mudanças do ambiente" (Samuel, 2012, p. 33).

Um **nicho**, ou segmento específico de atuação, por ser amplo ou estrito, pode também interferir na sobrevivência ao limitar o poder de atuação da organização ou também pela presença e pelo domínio de grandes organizações como concorrentes. Ainda segundo Samuel (2012), o fator *performance* é, dentre estes, o que tem mais relação com falência e morte: as organizações que têm *performance* ruim são mais propensas ao declínio.

Ao fazermos a analogia da organização com uma pessoa, é nítida a necessidade de cuidar da saúde nos seus vários aspectos e dimensões. Estar atento ao **peso** e aos reflexos da **idade**, buscando práticas saudáveis para controlar esses fatores, é fundamental para manter o sucesso e a sobrevivência da organização. Olhar para fora, para o nicho em que está inserida e para a **eficácia** e a **eficiência** de sua atuação também são elementos vitais.

Bem, ao longo do livro já falamos dos aspectos mais físicos da organização, dos mais sutis, da relação da estrutura com o ambiente, do ciclo de vida... e onde fica o dinheiro nisso tudo? Percorremos centenas de linhas e parágrafos e nem sequer tocamos no assunto sobre as finanças da organização. Tem algo errado aqui... Sim, falamos em *performance* e ela tem relação com as operações e com as finanças. O **dinheiro** é imprescindível em nossa sociedade, para pessoas e organizações; sem ele não é possível sobreviver e a **saúde financeira** é um aspecto vital. Ele pode ser entendido, na analogia com o ser humano, como o sangue. Mas é importante lembrar que, mesmo para empresas com fins lucrativos, o sangue é como um rio no planeta: percorre o corpo e alimenta as células, mantendo-os vivos.

Não há nada errado em ganhar dinheiro e distribuir lucros. Muito pelo contrário, isso é saudável. Mas a questão essencial, a agenda final de cada organização, deveria passar pela seguinte análise: a que vim a esse mundo? Qual o meu papel nesse ambiente? Drucker (2008a) afirma que o lucro e a lucratividade são elementos cruciais para a sociedade e para os negócios individuais. Mas, no entanto, argumenta que a lucratividade não é o propósito das atividades das organizações. Assim, o lucro não pode ser visto como a "explicação, causa ou análise racional do comportamento ou decisões dos negócios"; por outro lado, a falta de entendimento da natureza do lucro em nossa sociedade se dá principalmente por um estado preconcebido e profundo de hostilidade, que o classifica como uma das "mais perigosas doenças de uma sociedade industrial". Drucker (2008a) afirma que há uma crença de que lucro e contribuição social da organização são inerentemente contraditórios, mas que, de fato, uma empresa só pode dar sua contribuição social se for lucrativa. Contudo, esse não é o seu propósito ou objetivo final, que está fora do negócio em si. O propósito está "na sociedade pois o negócio é um órgão da sociedade" (Drucker, 2008a, pp. 18-22).

Em última análise, o dinheiro e os recursos devem fluir pela organização, em um processo contínuo de entrada, processamento e saída, princípio da abordagem sistêmica. Uma reserva sempre é importante para situações de emergência, mas acúmulo excessivo de gordura ou de sangue em algum órgão pode levar a doenças e, em última instância, à morte.

Essa lógica se aplica às pessoas, às divisões de uma organização ou às organizações dentro da sociedade. A relação saudável é a relação de troca com o meio, onde cada um tem seu papel ou função no todo e vive em uma constante de servir e ser servido, de dar e de receber. Essa reflexão é importante, pois, por vezes, as organizações são capazes de impor conformidades patológicas, relacionadas principalmente ao uso do dinheiro e do poder, aos seus membros — como ocorreu, por exemplo, durante o nazismo (Scott, 2003).

Quem tem fixação por sangue é vampiro. E temos, infelizmente, muitas organizações "vampiras", que destroem o meio ambiente e a vida das pessoas, e estão fixadas no dinheiro, ou lucro, a qualquer custo. Quando a organização se enxerga como autossuficiente, ou um sistema fechado, e os meios pouco importam para atingir o fim, a visão do outro é totalmente utilitária, pois o centro de ação é o seu "ego". Esse egoísmo organizacional certamente tem consequências muitas vezes enormes, pois as organizações podem, dependendo do tamanho e do poder de influência, contar com milhares de pessoas — funcionários, colaboradores, organizações parceiras, fornecedores — e causar impactos negativos enormes à vida das pessoas, ao ambiente e, por fim, em conjunto com organizações similares, ao planeta.

As relações de respeito com os funcionários e com o ambiente são sinais de uma organização equilibrada e saudável. A **harmonia interna e externa** garante uma vida plena para a organização e para o meio no qual ela vive.

Scott (2003) afirma que, por exemplo, a participação dos membros na vida organizacional pode ser uma fonte de flexibilidade e libertação para a superconformidade, citada anteriormente como patologia. Se essa for uma questão genuína e central, se estiver em pauta na organização, certamente não será necessário investir milhões em programas de **responsabilidade socioambiental**. Vemos hoje muitos programas, aplicados como modismo e meio para alcançar a simpatia dos "clientes", mas que não passam de um projeto ou de um conjunto de ações totalmente descoladas da estratégia, do que a organização tem como valores introjetados. São os paradoxos organizacionais (Teixeira, 2004).

> [A] **dignidade organizacional** depende da congruência entre valores organizacionais esposados e compartilhados, traduzidos em prática organizacional [...] [e pode ser definida como] a relação entre pessoas da organização e outras, denominadas de *stakeholders* ['clientes'], pautadas pela ação comunicativa, onde o que se diz é o que se pensa, de forma inteligível, e onde se estabelecem acordos baseados no entendimento e, portanto, não há intenção de usar o outro para o alcance dos próprios fins. (Teixeira, 2008, p. 86)

Nesse sentido, ao agir com essa congruência entre o que se diz e o que se faz, podemos dizer que a dignidade organizacional é um sinal de saúde mental da organização.

A **responsabilidade social corporativa** (ou CSR, de *Corporate Social Responsability*) tornou-se, de fato, uma moda nas organizações. Adrian Wooldridge (2011, p. 36) alerta que em muitos casos isso não passa de conveniência, pois "ser bom é um bom negócio". A imagem de socialmente responsável é "útil" para a organização em pelo menos quatro aspectos, pois pode:

> atrair os melhores funcionários e elevar o moral; ser atraente aos consumidores socialmente conscientes, que não se incomodam em pagar um pouco mais por produtos de origem ética; identificar novas oportunidades de negócios; engajar os investidores socialmente responsáveis. (Wooldridge, 2011, pp. 36-37)

Nesse caso, esses programas acabam funcionando como um "gerenciamento da reputação", mas não condizem necessariamente com uma atuação autêntica de respeito ao ambiente, nos aspectos sociais e ambientais.

Drucker (2008b) entende como **responsabilidade cívica** quando a organização olha além das suas fronteiras e toma a responsabilidade pela comunidade, sem descuidar de seu desempenho e seus objetivos, que são sua responsabilidade primordial. Nesse contexto, o conceito de responsabilidade social vai além do entendimento comum, de não simplesmente fazer mal a ninguém ao perseguir os seus próprios interesses e objetivos.

Um negócio saudável tem por premissa uma sociedade saudável. Há uma grande incompatibilidade entre uma organização saudável e uma sociedade doente. Não há como um negócio, uma organização, prosperar por muito tempo em uma sociedade doente, pois os "**problemas sociais são disfunções da sociedade** e — ao menos potencialmente — **doenças degenerativas do corpo político**" (Drucker, 2008a, p. 52).

Afinal, a organização, seja do tipo que for, em última instância só existe para servir a sociedade. E ao entendê-la como um grupo, a sua importância no contexto mais amplo, certamente sem descuidar de suas finanças e de seu ambiente interno, naturalmente a atividade da organização refletirá essa consciência no trato com as pessoas e com o ambiente externo (outras organizações, mercado e o próprio meio ambiente).

Assim, podemos afirmar que **a saúde organizacional depende de aspectos físicos, mentais, financeiros e sociais**, e que, para estar saudável e sobreviver, a organização deve estar apta a **aprender e mudar constantemente**. É exatamente disso que tratamos a seguir.

BIBLIOGRAFIA

ADIZES, Ichak. *Gerenciando os ciclos de vida das organizações*. São Paulo: Prentice Hall, 2004.

DRUCKER, Peter F. *Introdução à administração*. São Paulo: Pioneira Thomson Learning, 2002.

_____. *The Essential Drucker*. Nova York: HarperCollins, 2008a.

_____. *Gestão*. Ed. revista. Rio de Janeiro: Agir, 2008b.

KETS DE VRIES, Manfred F. R. & MILLER, D. *The Neurotic Organization: Diagnosing and Changing Counterproductive Styles of Management*. São Francisco: Jossey-Bass Publishers, 1984.

_____. "Personality, Culture, and Organization". Em *The Academy of Management Review*, 11 (2), abr. 1986.

LATORRE, Sidney Z. *Perfis de cultura e de valores organizacionais: um estudo em empresas de tecnologia*. Dissertação de Mestrado em Administração de Empresas. São Paulo: Universidade Presbiteriana Mackenzie, 2006.

MERRY, Uri & BROWN, George I. *The Neurotic Behavior of Organizations*. 2nd ed. Nova York: Gestalt Institute of Cleveland Press (GIC), 1990.

ORGANIZAÇÃO MUNDIAL DA SAÚDE. Veja WORLD HEALTH ORGANIZATION.

SAMUEL, Yitzhak. *Organizational Pathology: Life and Death of Organizations*. New Brunswick: Transaction Publishers, 2012.

SCOTT, W. Richard. *Organizations: Rational, Natural, and Open Systems*. 5th ed. Upper Saddle River: Prentice Hall, 2003.

TEIXEIRA, Maria Luisa M. "Confiança. Confiança? O paradoxo entre valores declarados e atitudes". Em VASCONCELOS, Flávio C. & VASCONCELOS, Isabella F. *Paradoxos organizacionais: uma visão transformacional*. São Paulo: Pioneira Thomson Learning, 2004.

_____. "Dignidade organizacional: valores e relações com stakeholders". Em TEIXEIRA, Maria Luisa M. *Valores humanos & gestão: novas perspectivas*. São Paulo: Senac São Paulo, 2008.

TOFFLER, Alvin. *O choque do futuro*. 2ª ed. Brasil: Artenova, 1972.

WOOD JR., Thomaz & CALDAS, Miguel P. "Quem tem medo de eletrochoque? Identidade, terapias convulsivas e mudança organizacional". Em CALDAS, Miguel P. & WOOD JR., Thomaz. *Transformação e realidade organizacional: uma perspectiva brasileira*. São Paulo: Atlas, 1999.

WOOLDRIDGE, Adrian. *Masters of Management: How the Business Gurus and their Ideas have Changed the World – for Better and for Worse*. Nova York: HarperCollins, 2011.

WORLD HEALTH ORGANIZATION. *Official Records*, nº 2. Washington (D.C.), 1946.

8

APRENDIZAGEM E MUDANÇA NA ORGANIZAÇÃO

MAS NÃO SOMOS APENAS LEVADOS À REVELIA NUMA TORRENTE.
SOMOS PARTICIPANTES. NISSO RESIDE NOSSA POSSÍVEL TRAGÉDIA:
O DESPERDÍCIO DE UMA VIDA COM SEUS TALENTOS TRUNCADOS SE NÃO
CONSEGUIRMOS VER OU NÃO TIVERMOS AUDÁCIA PARA MUDAR PARA
MELHOR — EM QUALQUER MOMENTO, E EM QUALQUER IDADE.
A ELABORAÇÃO DESSE "NÓS" INICIADO NA INFÂNCIA ERGUE AS
PAREDES DA MATURIDADE E CULMINA NO TELHADO DA VELHICE, QUE É
COROAMENTO EMBORA EM GERAL SEJA VISTO COMO DETERIORAÇÃO.
NESSE TRABALHO NOSSA MÃO SE JUNTA ÀS DOS MUITOS QUE NOS
FORMAM. LIBERTANDO-NOS DELES COM O AMADURECIMENTO, VAMOS
MONTANDO UMA FIGURA: QUEM QUEREMOS SER, QUEM PENSAMOS QUE
DEVEMOS SER — QUEM ACHAMOS QUE MERECEMOS SER.
NESSA CASA, A CASA DA ALMA E A CASA DO CORPO, NÃO SEREMOS APENAS
FANTOCHES QUE VAGAM, MAS GUERREIROS QUE PENSAM E DECIDEM.

LYA LUFT, *PERDAS E GANHOS*

A aprendizagem constante e a capacidade de se adequar às mudanças são competências vitais para as pessoas e para as organizações. Como as pessoas aprendem? Acho que a pergunta correta seria: as pessoas deixam de aprender em algum momento? Aprendemos a lidar com a vida desde o berço, desde quando temos fome e entendemos que o choro pode ser a maneira mais rápida de saciá-la. Aprendemos com os pais, professores, amigos, colegas de trabalho... enfim, aprendemos o tempo todo com as outras pessoas. As situações boas e ruins, confortáveis ou desconfortáveis, sempre guardam alguma lição que fica registrada na memória, na nossa experiência de vida.

E as organizações, como aprendem? Entendo que aprendem de forma muito similar ao que acontece com as pessoas: pela interação, pela troca, pelas relações com pessoas e com outras organizações, pelas experiências individuais ou coletivas e pela criação de grupos de Educação Corporativa — que pode ser entendida como a escola da organização. Essa aprendizagem, tanto no conceito quanto no processo, tem uma relação intrínseca com a cultura organizacional, que exploramos anteriormente. Segundo Child (2012), a **aprendizagem organizacional**

> é o processo de desenvolvimento do pensamento e das ações das pessoas que pertencem às organizações e trabalham nelas [...] [e essas ações] se institucionalizam em propriedades organizacionais, assumindo a forma de rotinas, sistemas, estruturas, culturas e estratégias novas ou revisadas. [...] [o **aprendizado organizacional**] se refere tanto ao processo de adquirir ou gerar novo conhecimento como ao resultado desse processo. (Child, 2012, p. 452)

As representações mentais implícitas na cultura organizacional refletem não só as linguagens, mas também o processo de aprendizagem. Então a cultura organizacional tem relação direta com a aprendizagem.

Podemos entender a organização e sua cultura como um amplo sistema no qual os saberes ideológicos, científicos, artísticos e técnicos estão carregados de elementos simbólicos e explicitam, por meio de manifestações culturais, os valores dominantes da organização. Ao considerarmos a existência de um modelo dinâmico de aprendizagem organizacional, podemos imaginar que a forma como a organização aprende e trabalha é influenciada e ao mesmo tempo influencia o seu perfil de cultura e de valores organizacionais, que são os elementos mais sutis e que mais diferenciam uma organização da outra.

Cada pessoa tem um papel central na aprendizagem, pois aquilo que é um *insight* ou uma intuição individual pode se tornar coletivo. No processo de adaptação às mudanças e aos contextos inesperados, a "improvisação", por exemplo, pode ter uma relação com a aprendizagem organizacional, pois o compartilhamento das informações ocorre frequentemente no improviso. Assim como acontece na música e ao contrário do que pode sugerir a palavra, a improvisação não parte de elementos livres, e sim de muito estudo, prática e aprendizagem por parte dos indivíduos (Flasch & Antonello, 2011).

Nessa mesma linha de entendimento, Peter Senge (1990) afirma que as organizações só aprendem por meio de indivíduos que aprendem; que as visões compartilhadas elevam as aspirações das pessoas e são o primeiro passo para o entendimento da empresa como a "nossa empresa" e o estímulo efetivo do trabalho em equipe. Segundo o autor, não existe uma empresa que aprende sem uma visão compartilhada e o estímulo para o "arriscar", a experimentação e a disseminação das visões reforça o crescimento do entusiasmo, da clareza, da comunicação e do comprometimento da equipe, contribuindo para a aprendizagem organizacional.

Schein (1992) afirma que uma organização só pode aprender dentro dos conjuntos de premissas que caracterizam sua cultura e subculturas vigentes.

Mas o que dizem os principais estudos sobre a aprendizagem organizacional? Segundo Loiola e Bastos (2003), o tema é alvo de intensa pesquisa na comunidade científica nacional e internacional, e objeto de ampla literatura e divulgação aos gestores e consultores. Começou a ser utilizado na década de 1950, com uma intensificação a partir dos anos 1970. De acordo com a pesquisa realizada, os autores apontam a cultura organizacional, logo após os temas de mudança organizacional e inovação, como os subtemas mais frequentes e associados aos estudos de aprendizagem organizacional no Brasil. Os autores mais citados são: Peter Senge, Chris Argyris, Afonso e Maria Tereza Fleury, Gareth Morgan e Edgar Schein.

Loiola e Bastos apresentam ainda duas vertentes de estudo: a da **aprendizagem organizacional** (AO), com o foco em como a organização aprende e no que é central à construção e utilização do conhecimento, em uma perspectiva mais descritiva ou analítica; e as **organizações que aprendem** (OA), como uma abordagem prescritiva, com o foco na ação e nas metodologias para avaliar e identificar o que a organização deve fazer para aprender. Essas abordagens parecem coincidir com as visões interpretativista (AO) e funcionalista (OA), respectivamente, que já mencionamos em relação à cultura organizacional. Os temas mais citados em aprendizagem organizacional são "identificar", "apresentar", "verificar" e "analisar"; em organizações que aprendem, são "modelo", "instrumento", "procedimentos" e "intervenção".

No entanto, apesar das divergências sobre o tema — de forma similar ao que acontece nos estudos sobre cultura —, existem, segundo Fiol e Lyles (1985), alguns pontos de convergência e consenso: as empresas devem ter o potencial de aprender, desaprender ou reaprender baseado em experiências passadas e como forma de sobrevivência; e a aprendizagem organizacional não é a transposição da aprendizagem de cada indivíduo, pois, como alerta Mascarenhas (2007), esta resulta de associações, sistemas cognitivos e memórias do grupo, desenvolvidos e compartilhados pelos membros da organização. Alguns fatores contextuais favorecem o aprendizado: a cultura corporativa que conduz ao aprendizado, as estratégias que permitem flexibilidade, uma estrutura organizacional que permite inovação e novos *insights*, e o ambiente.

Sendo assim, podemos imaginar, partindo desses fatores, que as organizações que, por exemplo, estão mais alinhadas ao contexto atual das mudanças constantes da era pós-industrial e relacionadas com as premissas da sociedade da informação apresentam perfis culturais e de valores organizacionais mais relacionados com a flexibilidade e a abertura às mudanças e, a princípio, apresentam um ambiente mais propício à inserção de projetos inovadores. Em outro extremo, Chris Argyris (1974) afirma que as organizações formais são formatadas, de maneira não intencional, a desencorajar os funcionários mais envolvidos ou autônomos.

Em seu estudo, Camillis (2011, p. 286) constatou que "existem contextos que oportunizam maior aprendizado: contextos de colaboração, desafio e mudança". Nos contextos de mudanças, "os relatos de exemplos de processos ou situações de aprendizado foram expressos de forma espontânea e sempre relacionados com o maior nível de aprendizagem" (Camillis, 2011, p. 287). As mudanças de área ou de função e a entrada de pessoas na equipe trouxeram novas ideias e visões diferentes, além de elementos como a reflexão e a autoanálise, em virtude do novo contexto estabelecido.

Emery e Trist (1973) já anteviam a tendência de mudança de valores culturais, em referência à transição ao pós-industrialismo, rumo a uma ecologia social e na qual as organizações migrariam de formas mecanicistas às mais orgânicas; de relações competitivas às mais colaborativas; de objetivos individuais aos mais integrados; dos recursos tidos como próprios àqueles tidos como da sociedade. Essa descrição em muito se aproxima da "nova organização", "da organização que aprende" e que, portanto, adapta-se com mais flexibilidade às mudanças contemporâneas, facilitando a implementação de projetos pioneiros e com propostas de aprendizagem individuais e coletivas, arrojadas e inovadoras, além de utilizar os recursos de tecnologia da informação como um mecanismo para facilitar a expressão dos conhecimentos tácitos.

As mudanças nas organizações não são aleatórias, ocorrem tanto por questões de antecipação a novos cenários e contextos, com a possibilidade de inovações, quanto por necessidade de adaptação a situações impostas pelo ambiente ou por contextos externos. Mudanças na economia, no mercado, novas regulações, leis, disfunções, catástrofes e outros fatores não previstos podem levar a crises ou à necessidade de reposicionamento organizacional para garantir a sustentabilidade e a sobrevivência.

Arie De Geus (1988) afirma que, ao entrar na crise, todos na organização sentem a dor, e a necessidade de mudança fica clara. Mas quando isso acontece, principalmente nas crises mais profundas, em geral se tem pouco tempo e poucas escolhas. Por um lado isso acaba garantindo a agilidade nas decisões, o que é positivo, mas "o outro lado da moeda é que a implementação raramente é boa e muitas companhias não conseguem sobreviver" (De Geus, 1988, pp. 70-71). Assim, o autor alerta que o desafio é justamente reconhecer as mudanças no ambiente e reagir a elas antes que chegue a dor da crise — que é o que fazem as organizações de sucesso mais experientes, as quais, cientes de suas potenciais forças internas, não ficam estáticas e têm uma relação de pró-atividade com o ambiente e com as mudanças.

Tanto no cenário de antecipação e inovação quanto no de reação a crises ou fatores externos, para mudar, a organização precisa ser repensada, parcial ou totalmente, e isso exige flexibilidade e conhecimento sobre questões bem particulares da sua estrutura, composição, cultura e valores. Para tal, a capacidade de aprender e expressar o conhecimento, tácito ou explícito, é fundamental.

Segundo Beer (2003), as organizações podem mudar de diversas maneiras. Dentre as possibilidades estão:

a. **mudança estrutural:** quando há uma reconfiguração da estrutura com o objetivo de alcançar um melhor desempenho. A reorganização de unidades operacionais, as aquisições, as incorporações, as fusões são exemplos desse tipo de processo;
b. **redução de custos:** quando há eliminação de atividades não essenciais ou busca de outro métodos para diminuir os custos operacionais;
c. **modificação de processos:** quando há alteração no modo como as coisas são feitas, para tornar a operação mais rápida, mais eficaz, mais segura e/ou menos dispendiosa;
d. **mudança cultural:** quando o foco está no lado humano da organização, com esforço para reorientar a organização a uma mudança de atitude.

Para Schein (1993), o papel mais nobre das lideranças em relação à cultura é justamente a tentativa de estabelecer uma organização capaz de realizar diagnósticos sobre si mesma e gerir as transformações necessárias em decorrência da **mudança** do ambiente. Esse autor qualifica uma cultura de aprendizado como aquela que entende a relação da organização com o ambiente como proativa, na qual é possível a adaptação ao ambiente, mas também a troca com este; na qual os seres humanos trabalham de forma ativa na resolução dos problemas e na aprendizagem, e os conhecimentos e as competências podem ser adquiridos de diversas formas; na qual há a confiança na natureza das pessoas, que por essência é boa e mutável; na qual as mesclas de competências individuais e grupais são aceitas e entendidas como favoráveis. Entende ainda que os sistemas participativos e os mais autoritários são ambos bons, desde que baseados na confiança; que o horizonte de tempo considera os prazos curto e longo; que a informação relevante deve fluir por toda a rede; que a diversidade, integrada ao todo, é desejável; que as orientações ao resultado e ao relacionamento são ambas desejáveis; que o mundo é um complexo campo de forças interconectadas no qual as causas são mais decorrentes de interações múltiplas, em vez de simples ou lineares.

A partir da pergunta "como uma empresa aprende e se adapta?", De Geus (1988) afirma que a habilidade de aprender rapidamente pode ser a única vantagem competitiva sustentável da organização e que a mudança das regras na organização tende a acelerar o processo de aprendizagem organizacional.

Além da adaptação, considerando o cenário de mudanças contínuas no mundo contemporâneo, as organizações precisam aprender a antecipar as mudanças, a ser proativas em vez de reativas (Senge, 1990). Podemos afirmar que a capacidade de aprender constantemente tem uma íntima relação com a habilidade em gerir suas mudanças, em agir e reagir em relação aos estímulos externos, do ambiente e do contexto social no qual está inserida. E que isso certamente é aplicável às pessoas e às organizações.

BIBLIOGRAFIA

ARGYRIS, Chris. "Personality *vs*. Organization". Em *Organizational Dynamics*, 3 (2), 1974.

BEER, Mike. *Gerenciando mudança e transição*. Rio de Janeiro: Record, 2003.

CAMILLIS, Patrícia Kinast de. "Os saberes no plural: um estudo acerca dos processos de aprendizagem dos trabalhadores que não exercem um papel gerencial". Em ANTONELLO, Cláudia Simone; GODOY,

Arilda Schmidt *et al*. *Aprendizagem organizacional no Brasil*. Porto Alegre: Bookman, 2011.

CHILD, John. *Organização: princípios e prática contemporânea*. São Paulo: Saraiva, 2012.

DE GEUS, Arie P. "Planning as Learning". Em *Harvard Business Review*, mar.-abr. 1988.

DE MASI, Domenico. *A sociedade pós-industrial*. São Paulo: Senac São Paulo, 2000.

DRUCKER, Peter F. *A organização do futuro: como preparar hoje as empresas de amanhã*. São Paulo: Futura, 1997.

EMERY, Frederick E. & TRIST, Eric L. *Towards a Social Ecology*. Nova York: Plenum/Rosetta, 1973.

FALCONER, Liz. "Organizational Learning, Tacit Information, and E-Learning: a Review". Em *The Learning Organization*, 13 (2;3), 2006.

FIOL, Marlene C. & LYLES, Marjorie A. "Organizational Learning". Em *The Academy of Management Review*, 10 (4), out. 1985.

FLASCH, Leonardo & ANTONELLO, Cláudia. "Improvisação e aprendizagem nas organizações: reflexões a partir da metáfora da improvisação no teatro e na música". Em ANTONELLO, Cláudia Simone; GODOY, Arilda Schmidt *et al*. *Aprendizagem organizacional no Brasil*. Porto Alegre: Bookman, 2011.

HATCH, Mary Jo. *Organization Theory: Modern, Symbolic and Postmodern Perspectives*. Nova York: Oxford University Press, 1997.

LOIOLA, Elizabeth & BASTOS, Antonio V. B. "A produção acadêmica sobre aprendizagem organizacional". Em *Revista de Administração Contemporânea – RAC*, 7 (3), jul./set. 2003.

LUFT, Lya Felt. *Perdas e ganhos*. Rio de Janeiro: Record, 2003.

MASCARENHAS, André O. *Enampad 2007*, Rio de Janeiro, 22-26 set. 2007.

SCHEIN, Edgar H. "On Dialogue, Culture and Organizational Learning". Em *Organizational Dynamics*, 22, Summer 1993.

_____. *Organizational Culture and Leadership*. 2nd ed. São Francisco: Jossey-Bass Publishers, 1992.

_____. "Coming to a New Awareness of Organizational Culture". *Sloan Management Review*, 25 (2), Winter 1984.

SENGE, Peter. *A quinta disciplina: arte e prática da organização que aprende*. São Paulo: Best Seller, 1990.

VALENÇA, Antonio Carlos (org.). *Aprendizagem organizacional: 123 aplicações práticas de arquétipos sistêmicos*. São Paulo: Senac São Paulo, 2011.

9

A ORGANIZAÇÃO EM QUADRINHOS

A partir do que expusemos nos capítulos anteriores, vamos contar uma breve história em quadrinhos sobre a vida da organização. Assim como as metáforas e as tipologias são comparações e trazem rapidamente uma "imagem" à mente, acreditamos que uma maneira interessante de compreender e fixar alguns conceitos seja por desenhos que mostrem analogias com aspectos da organização, muitos dos quais tratamos ao longo deste livro:

- conceitos, tipologias e metáforas;
- estratégias;
- tarefas;
- estrutura;
- tecnologias;
- pessoas;
- cultura;
- valores;
- saúde e doença;
- relação com o ambiente;
- aprendizagem;
- ciclo de vida.

Como todos eles se relacionam? São temas trazidos por diversos autores de referência nos estudos sobre administração e organizações, e que muitas vezes, por mais que tentemos suavizar, têm uma certa densidade. A seguir, colocaremos boa parte de tudo isso em sequência, em uma história em quadrinhos, ilustrando uma relação simples, mas possível, entre esses vários aspectos da vida da organização.

MAS, AFINAL, O QUE É ESSA TAL DE ORGANIZAÇÃO?

A ORGANIZAÇÃO
NASCE A PARTIR
DE UMA IDEIA,
UM SONHO,
UM OBJETIVO.

EM TORNO
DESSE OBJETIVO,
SE REÚNEM
PESSOAS.

PARA ALCANÇAR OS OBJETIVOS E DAR PROSSEGUIMENTO ÀS IDEIAS, SÃO CRIADAS ESTRATÉGIAS.

A ESTRATÉGIA ORIENTA A ATUAÇÃO ORGANIZACIONAL, DEFINE E DISTRIBUI AS TAREFAS.

E ASSIM A ORGANIZAÇÃO GANHA CORPO: UMA ESTRUTURA COM FUNÇÕES E PAPÉIS DEFINIDOS. SÃO CRIADOS OS CARGOS, AS HIERARQUIAS, O ORGANOGRAMA...

MAS, AFINAL, O QUE É ESSA TAL DE ORGANIZAÇÃO?

A ESTRUTURA DA ORGANIZAÇÃO, ASSIM COMO O CORPO HUMANO, REFLETE SUA SITUAÇÃO, VARIANDO EM FUNÇÃO DE IDADE, TAMANHO, SISTEMA DE PRODUÇÃO E AMBIENTE NO QUAL ESTÁ INSERIDA.

PARA CUMPRIR SUAS FUNÇÕES, A ORGANIZAÇÃO E AS PESSOAS UTILIZAM TECNOLOGIAS.

AS TECNOLOGIAS PODEM SER ENTENDIDAS COMO OS PROCESSOS, AS METODOLOGIAS E OS CONHECIMENTOS UTILIZADOS OU CRIADOS PELA ORGANIZAÇÃO.

E A INTERAÇÃO, A APRENDIZAGEM INDIVIDUAL E EM GRUPO CRIAM UMA CULTURA ORGANIZACIONAL...

MAS, AFINAL, O QUE É ESSA TAL DE ORGANIZAÇÃO?

A ESSÊNCIA DA CULTURA SÃO OS VALORES ORGANIZACIONAIS, QUE EM PARTE VÊM DOS LÍDERES OU FUNDADORES E EM OUTRA VÊM DA CONSTRUÇÃO COLETIVA DAS PESSOAS DENTRO DA PRÓPRIA ORGANIZAÇÃO...

MUITAS VEZES HÁ DIVERGÊNCIAS ENTRE OS VALORES EXPLÍCITOS, OU DECLARADOS, E OS REALMENTE INTROJETADOS NA ORGANIZAÇÃO.

DESSE MODO, A ORGANIZAÇÃO, ASSIM COMO UMA PESSOA, É COMPOSTA DE ELEMENTOS FÍSICOS E TANGÍVEIS QUE, INTEGRADOS, FORMAM SEU CORPO. É COMPOSTA TAMBÉM POR ASPECTOS MAIS SUTIS, QUE A TORNAM ÚNICA E QUE CORRESPONDEM À SUA ALMA.

ASSIM COMO UMA PESSOA, A ORGANIZAÇÃO INTERAGE E SE ADAPTA AO AMBIENTE E TEM UM CICLO DE VIDA.

DURANTE SUA VIDA, A ORGANIZAÇÃO PODE ADOECER, PODE FICAR OBESA...

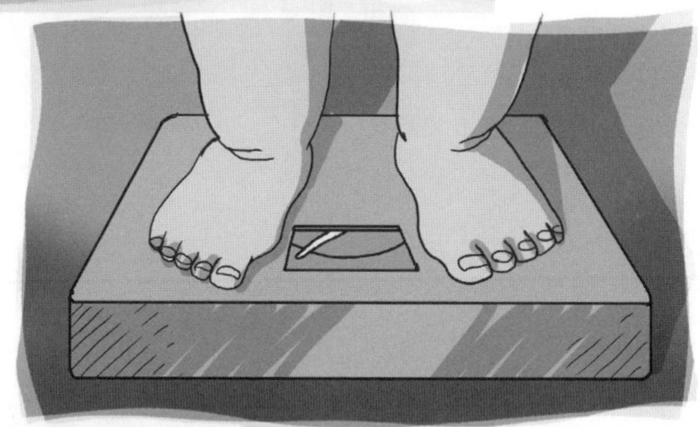

OU ATÉ PARANOICA.

MAS, AFINAL, O QUE É ESSA TAL DE ORGANIZAÇÃO?

OU PODE ENTENDER O AMBIENTE, INTERNO E EXTERNO, E SE ADAPTAR, CUIDANDO DE SUA SAÚDE FÍSICA, MENTAL E FINANCEIRA.

PODE APRENDER CONSTANTEMENTE...

... ADAPTAR-SE E ANTECIPAR-SE ÀS CRISES E ÀS MUDANÇAS...

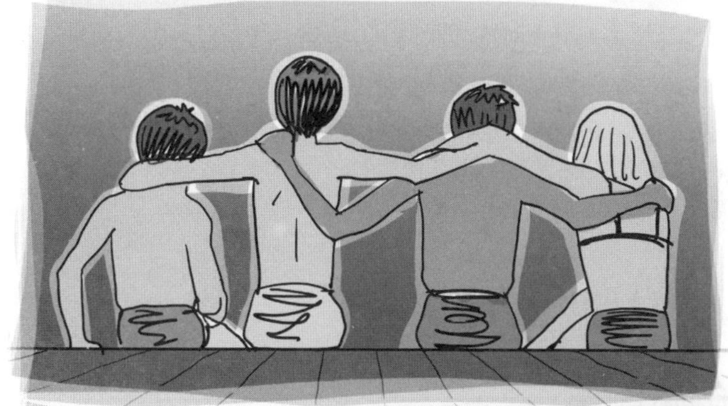

... E CUIDAR TAMBÉM DA HARMONIA INTERNA E EXTERNA.

AO LONGO DE SEU CICLO DE VIDA, A ORGANIZAÇÃO NASCE, CRESCE, VIVE, SE ADÉQUA AO AMBIENTE... E PODE MORRER.

AS ORGANIZAÇÕES SÃO DIFERENTES ENTRE SI — E SEUS OBJETIVOS, SEU CORPO, SUA CULTURA E SEUS VALORES VARIAM TAMBÉM EM CADA ESTÁGIO DE SUA PRÓPRIA VIDA.

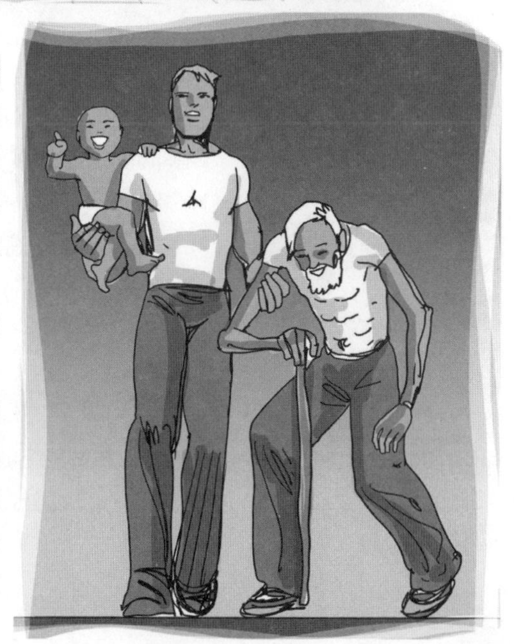

ASSIM, EXISTEM DIFERENTES PERFIS ORGANIZACIONAIS.

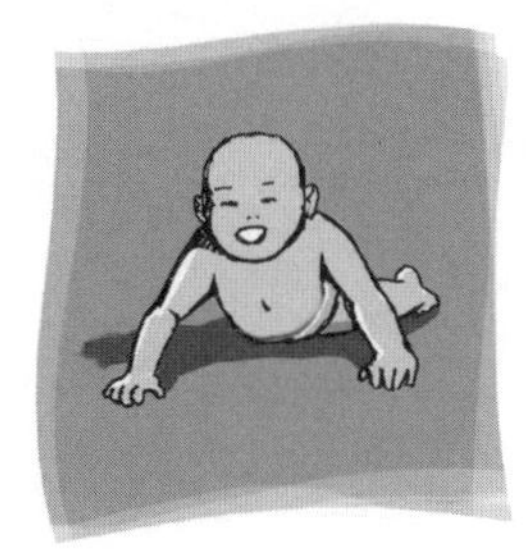

HÁ ORGANIZAÇÕES QUE AINDA ESTÃO NOS ESTÁGIOS INICIAIS DA VIDA, QUE BUSCAM ESTABILIZAR-SE E SOBREVIVER.

HÁ AQUELAS QUE JÁ PASSARAM DO PERÍODO DE SOBREVIVÊNCIA E ESTÃO NA INFÂNCIA. SEU FOCO ESTÁ NAS PESSOAS, EM SEU DESENVOLVIMENTO E NA RELAÇÃO COM O MEIO.

OUTRAS JÁ CHEGARAM À ADOLESCÊNCIA, FOCALIZANDO O DOMÍNIO E A ADMINISTRAÇÃO DOS PROCESSOS ORGANIZACIONAIS, DAS SUAS CONQUISTAS E DE SEUS RESULTADOS.

TAMBÉM HÁ AQUELAS QUE ATINGIRAM A PLENITUDE, MAS ESTÃO ABERTAS ÀS MUDANÇAS: PREOCUPAM-SE EM INOVAR POR MEIO DE NOVOS PRODUTOS, SERVIÇOS, TECNOLOGIAS OU PROCESSOS. SEU FOCO ESTÁ NO MERCADO.

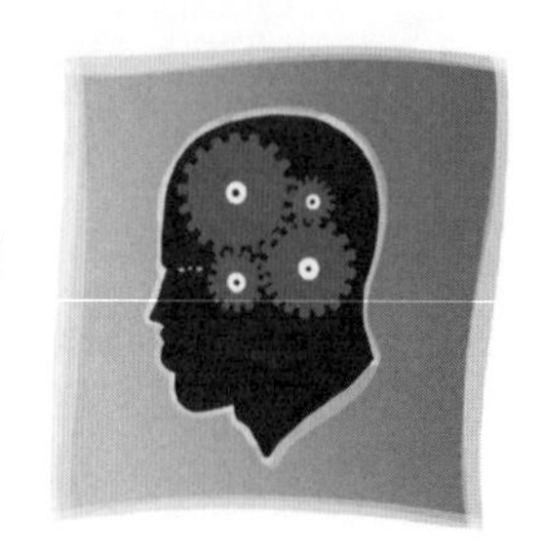

E HÁ OUTRAS QUE JÁ ATINGIRAM UM PERÍODO DE ESTABILIDADE, COM A ATENÇÃO VOLTADA PARA OS PROCESSOS INTERNOS E PARA O CONTROLE DAS ATIVIDADES ROTINEIRAS DA ORGANIZAÇÃO.

POR SEREM ORGANISMOS VIVOS, AS ORGANIZAÇÕES SÃO ÚNICAS, ASSIM COMO AS PESSOAS. POR ISSO, É SEMPRE IMPORTANTE ESTARMOS ATENTOS PARA NÃO SIMPLIFICARMOS A VISÃO DA ORGANIZAÇÃO, CLASSIFICANDO-A APRESSADAMENTE A PARTIR DE ALGUNS ASPECTOS MAIS VISÍVEIS E DETERMINANTES.

AFINAL DE CONTAS,
NÃO EXISTEM DUAS ORGANIZAÇÕES IDÊNTICAS!

CONSIDERAÇÕES FINAIS

Muitas são as variáveis presentes na vida da organização, considerando-se os elementos internos e externos. Entender as partes da organização que integram seu corpo — as pessoas, a estrutura, as tarefas e a tecnologia — e os elementos mais sutis de sua alma — a cultura e os valores organizacionais —, bem como suas estratégias e sua relação com o ambiente, é fundamental para ter uma visão mais completa desse amplo sistema. As metáforas e as tipologias nos auxiliam nesse entendimento.

Ao abordar os vários aspectos da vida organizacional ao longo deste livro, tratamos basicamente de modelos e abstrações, que simplificam a realidade, mas ao mesmo tempo permitem formar uma "imagem" mais aproximada da organização.

O pressuposto de que a saúde da organização, como a de um organismo vivo, também pode ser avaliada e melhorada ao longo do ciclo de vida certamente aumenta a responsabilidade dos membros, dos líderes e dos que têm relação com ela. A vida organizacional de fato relaciona-se, direta ou indiretamente, com a vida de centenas ou milhares de famílias que dependem ou interagem com a organização. E, portanto, quando ela "adoece", muitos indivíduos já podem antecipadamente ter adoecido, por exemplo, pelo comportamento disfuncional que ocorre dentro do grupo.

Sendo assim, a responsabilidade pela vida organizacional, com toda a sua complexidade e diversidade, é, sem dúvida alguma, também a responsabilidade pelo bem-estar de muitas pessoas e pela saúde do ambiente, considerando-se as relações de troca que ocorrem constantemente.

A nossa vida contemporânea está totalmente envolta por organizações formais, foco deste livro, e também por organizações sociais. Após a Revolução Industrial e suas profundas transformações sociais, a interdependência das pessoas com as organizações só vem se intensificando a cada década. Podemos afirmar sem receio de errar que a evolução tecnológica, nas várias áreas do conhecimento humano, se intensifica exponencialmente em função da especialização e da evolução das organizações.

No contexto em que vivemos, no qual a interação entre pessoas, organizações e países é cada vez mais intensa, acelerando a troca de informações e a comunicação, a aprendizagem coletiva é um elemento vital para a maioria das organizações. A relação do indivíduo contemporâneo com a sociedade se dá por meio das organizações, e a aprendizagem, individual e em grupo, torna-se cada vez mais fundamental.

A capacidade de uma organização em aprender e mudar, interna e externamente, adaptando sua estrutura física e antecipando problemas, é um fator decisivo para sua saúde. Para cada fase do ciclo de vida organizacional, ou por necessidade interna gerada pela aprendizagem, o corpo muda, a estrutura muda... assim como mudam a cultura, os valores e os processos. Dessa forma, entender o seu papel no todo, considerando os demais atores e o ambiente, tornou-se uma condição fundamental para uma vida organizacional saudável e, em última instância, para uma sociedade saudável.

Entendo as organizações como agentes e mecanismos sociais, como estruturas concebidas para o alcance de objetivos e interesses tanto individuais como coletivos. Nesse sentido, a sua função primordial é servir à sociedade e integrar de maneira ativa esse emaranhado de relações e de trocas que permitem a evolução humana.

A vida do "ser" organização é tão repleta de detalhes e desafios quanto a vida de cada um de nós, humanos, e o entendimento da organização como uma pessoa — que tem corpo e alma, que se adapta, age e reage, que aprende e que muda ao longo da vida, que interage e depende do meio — certamente abre uma perspectiva de atuação participativa e mais consciente de cada indivíduo na relação diária com as organizações e com o ambiente.

ÍNDICE GERAL

Este livro foi composto com as fontes Schneidler BT e DK Lemon Yellow Sun,
impresso em papel offset 90 g/m² no miolo e cartão supremo 250 g/m² na capa,
nas oficinas da Intergraf Indústria Gráfica, em março de 2015.